それでも
フランチャイズ
を選びなさい

失敗しないための独立・起業77の法則

丸山 忠
Tadashi Maruyama

興陽館

はじめに

私はお好み焼き屋21店舗、居酒屋2店舗、リラクゼーションサロン3店舗の計26店舗を持つ、株式会社丸道《まるみち》という会社を経営しています。

すべてチェーン店なので、弊社のオリジナル商品というものは何一つありません。しかしそれでも2009年、2010年度の**年商は14億円～15億円を大きく上回ることができました**。

じつは、私は地元でも有名な不良少年でした。

タバコ、酒、ケンカ、パチンコ、暴走行為と、両親にも見放されるほどの学生生活を送っていたのです。

当時はそれなりに楽しかったのですが、やはりそんな人間が社会に出てまともに働けるはずがありません。

見習いとして初めて就職した寿司屋は、わずか3ヶ月で退職。地元に逃げ帰ってきたほどです。

そんな私が22歳で会社の社長となり、年商15億の会社の経営者にまでなれた理由——。
それは、**私が選んだビジネスが、フランチャイズ・ビジネスだったからです。**

経営者としてはまだまだ半人前ですが、若いころの自分と比べれば、考えられないほどの大出世。今でも地元に帰るたびに、当時わけもわからず就職したフランチャイズ本部との出逢いが、私の転機となったことを実感します。

22歳で独立して約15年。フランチャイズ一筋でやってきた私のところには、これからお店を始めたいという方から、次のような質問が多く寄せられるようになりました。

「これからどんなビジネスをやれば一番儲かるでしょうか？」

そのとき私は、決まってこう答えます。

「**フランチャイズが圧倒的に有利ですよ**」と。

なぜなら、ろくに勉強したこともなく、四六時中、遊びほうけていたこんな私でも、それなりにビジネスとしての成功を収めることができているからです。

私に経営のセンスがあったのではありません。運がよかったというわけでもありません。フランチャイズという、すでに完成された成功ロジックを持ったシステムが、私を今のポジションに押し上げてくれたのです。このシステムこそがフランチャイズというビジネスの最たる魅力といえるでしょう。

個人商店のオーナーの多くは、とても苦労してお店を開業します。しかし、フランチャイズは、スタート地点がまるで違うのです。**42・195キロのマラソンにたとえるなら、折り返し地点からスタートするのと同じくらいの差があります。**あなたがビジネスを始めたその日から、豊富な成功事例や失敗事例を元にした、成功率の高い店舗運営ができるビジネス。それが、フランチャイズ・ビジネスなのです。

では、個人商店とフランチャイズでは、具体的にどんな差があるのか？ 詳しくは本文で述べますが、ここで少しだけフランチャイズの有利な点をお伝えしておきましょう。

1. 銀行が融資してくれます。しかも、融資額が圧倒的に違います。

2. 立地条件のいい場所を大家さんや地主さんが格安で貸してくれます。

3. すでにネームブランドがあるので、開店初日からお客さんがたくさんやってきます。

4. チェーン店なので、常に成功事例や失敗事例を共有しあっています。

5. 商品開発力が、個人商店よりも格段に優れています。

6. 社会的評価が定まっているので、優秀な人材が集まってきます。

個人商店のリスクを100とすれば、フランチャイズのリスクは30程度。フランチャイズは個人で開業するよりも数倍、安心で安全で確実だといえるのです。

このことは商店街を見れば一目瞭然。ほとんどの商店街で、個人商店はどんどんその数を減らしているのに対し、フランチャイズは今も増加の一途を辿っているのです。

もし、あなたが近い将来、独立開業を考えているのであれば、それがどんな業種であっても、フランチャイズという選択肢があることを心に留めておいてください。というよりも、**まずはフランチャイズから検討してみることを強くお勧めいたします**。

そして、あなたが本書で紹介する77の法則を守りさえすれば、成功は間違いないことをお約束いたします。

丸山　忠

Contents

第7章 フランチャイズ起業の先にある7つの選択肢
――多店舗展開、別の業種、セミリタイア……

第1章

個人商店では生き残れない時代

——不況の時代に独立開業で生き残る方法とは？

1

今の時代、個人商店では5年生き残るのがやっと

突然ですが、問題です。

チェーン店ではなく個人で独立開業した人が5年後も店を続けている確率（5年生存率）は、どれくらいだと思いますか？

70％？

50％？

30％？

いえいえ。じつはもっと低くて、**たったの約25%**なのです（中小企業庁『中小企業白書』2006年版をもとに計算）。

100人の人が個人で独立開業したとしたら、5年後にはわずか25人しか残っていない

ということです。逆にいうと、残りの約75人は、夢を持って独立開業したにもかかわらず、5年以内に廃業を余儀なくされているのです。

これが10年後となると、生存率はなんと**約10%**にまで激減。

つまり、個人で独立開業した場合、10年続けられるのは10人に1人……。

いきなり暗い話になってしまいましたが、これが現実です。

実際、私のお店の近所にも以前、個人商店のラーメン屋がオープンしたものの、あまりお客さんが入っていませんでした。そのうち潰れるのではないかと思っていたら、案の定、6ヶ月で閉店してしまいました。

先ほどの5年生存率約25%という数字は、すべての業種を合わせたデータです。

飲食店だけに限っていうと現実はさらに厳しく、業界では「**1年持てばいいほうで、3年持ったらよく頑張っている**」というのが常識となっています。

今の時代、個人で独立開業するのは、非常に厳しい状況なのです。

2 世界中のどの都市でもメガチェーンが圧勝している

私がまだ小学生だったころ、地元の商店街や駅前の商店街にあった店は、個人経営のところがほとんどでした。マクドナルドのような大手のチェーン店は、わずかにいくつかあったくらいだったのです。

しかし、時代の流れとともに、個人商店はどんどんその姿を消し、代わりにチェーン店が台頭してきました。

特に、家賃の高い駅前の一等地は、大手のハンバーガーチェーンやレストランチェーン、コンビニチェーン、居酒屋チェーンなど、**チェーン店で占められてしまっているといっても過言ではないでしょう。**

私はお好み焼き屋「道とん堀」のオーナーをしています。このお好み焼き屋というジャンルも同様で、以前は個人商店がたくさんありました。しかし、道とん堀が出店するようになってからは、その数が減ってきているのが実情です。

このような傾向は、都会だけでなく、地方都市にも広がりつつあります。地方都市の主なターミナル駅では、駅前の光景はどこでもほぼ同じといっていいくらい、大手のチェーン店が軒を連ねています。

日本国内だけではありません。世界中の主な都市のターミナル駅やメインストリートでも、同じような現象が起こっています。**個人商店の衰退化はもはや時代の流れといえるでしょう。**

もし、この流れに例外があるとすれば、東京23区内や横浜市のような人口の多い大都会だけです。

このような場所で、腕がよくて、こだわりがあって、芸能人や富裕層の人たちがお忍びで来るような店を作ることができる有能な人であれば、おそらく個人商店でも生き残っていくのではないかと思います。

ただし、そのような才能のある人は、それほど多くはないのが実情です。

事実、独立した当時の私の実力では、そのような店を作ることは無理だったと思いますし、今も自信はありません。

3 これから先、中小・零細企業が大儲けできない3つの理由

日本経済が出口の見えない不況のトンネルに突入してから約20年の歳月が経ちましたが、はたしてこの先、日本経済の復活はあるのでしょうか？

私は**バブル期のような経済成長は、もはやありえない**と見ています。この先、大きく儲けることができるのは大企業だけで、中小・零細企業は「そこそこ儲かる」程度でしょう。

その理由は次の３つです。

①日本の政治不安と財政赤字によって経済が衰退していくから
②人口が大都市圏以外は減っていくから
③成長するには世界（アジア）とビジネスをする必要があるから

①の日本経済の衰退については、私があらためていうまでもなく、高名な経済評論家や

アナリストの先生方がすでにいろんなメディアでおっしゃっていることです。

実際私も、リーダーシップがなく明確なビジョンを打ち出せない今の日本の政治状況や、年々増え続ける財政赤字を見るにつけ、日本経済の未来を悲観せずにはいられません。

日本経済が衰退すれば、雇用が減り、個人消費も伸び悩みますので、消費者の財布の紐は固くなります。そんな中で、大きな利益を上げていくには、それなりの集客力が必要になります。つまり、**知名度と資本力のある大企業が圧倒的に有利**になるのです。

②の大都市圏以外の人口減少とは、単に大都市圏以外ではお客さんが減るということです。すると、限られたパイの中で、お客さんの奪い合いが起こりますので、**知名度や資本力のない個人商店には不利**でしょう。参考までに、20～21ページに都道府県別の人口推移表を載せておきましたので、あなたの地域の人口推移を確認してみてください。

最後に③の世界（アジア）とのビジネスについても、近ごろよくいわれることです。今後伸びていく市場は日本ではなく世界なので、大きな利益を上げるには海外を視野に入れたビジネスが不可欠です。そして、それができるのはやはり**資本力のある大企業**で、個人商店では難しいのが現実なのです。

	平成22年人口(人)	平成17年人口(人)	増減率(%)
滋賀県	1,410,272	1,380,361	2.2
京都府	2,636,704	2,647,660	-0.4
大阪府	8,862,896	8,817,166	0.5
兵庫県	5,589,177	5,590,601	0.0
奈良県	1,399,978	1,421,310	-1.5
和歌山県	1,001,261	1,035,96	-3.4
鳥取県	588,418	607,012	-3.1
島根県	716,354	742,223	-3.5
岡山県	1,944,986	1,957,264	-0.6
広島県	2,860,769	2,876,642	-0.6
山口県	1,451,372	1,492,606	-2.8
徳島県	785,873	809,950	-3.0
香川県	995,779	1,012,400	-1.6
愛媛県	1,430,957	1,467,815	-2.5
高知県	764,596	796,292	-4.0
福岡県	5,072,804	5,049,908	0.5
佐賀県	849,709	866,369	-1.9
長崎県	1,426,594	1,478,632	-3.5
熊本県	1,817,410	1,842,233	-1.3
大分県	1,196,409	1,209,571	-1.1
宮崎県	1,135,120	1,153,042	-1.6
鹿児島県	1,706,428	1,753,179	-2.7
沖縄県	1,392,503	1,361,594	2.3
全国	128,056,026	127,767,994	0.2

※平成22年人口は速報値。

総務省統計局「平成22年国勢調査(人口速報集計)」より作成

●都道府県別の人口推移

	平成22年人口（人）	平成17年人口（人）	増減率（%）
北海道	5,507,456	5,627,737	-2.1
青森県	1,373,164	1,436,657	-4.4
岩手県	1,330,530	1,385,041	-3.9
宮城県	2,347,975	2,360,218	-0.5
秋田県	1,085,878	1,145,501	-5.2
山形県	1,168,789	1,216,181	-3.9
福島県	2,028,752	2,091,319	-3.0
茨城県	2,968,865	2,975,167	-0.2
栃木県	2,007,014	2,016,631	-0.5
群馬県	2,008,170	2,024,135	-0.8
埼玉県	7,194,957	7,054,243	2.0
千葉県	6,217,119	6,056,462	2.7
東京都	13,161,751	12,576,601	4.7
神奈川県	9,049,500	8,791,597	2.9
新潟県	2,374,922	2,431,459	-2.3
富山県	1,093,365	1,111,729	-1.7
石川県	1,170,040	1,174,026	-0.3
福井県	806,470	821,592	-1.8
山梨県	862,772	884,515	-2.5
長野県	2,152,736	2,196,114	-2.0
岐阜県	2,081,147	2,107,226	-1.2
静岡県	3,765,044	3,792,377	-0.7
愛知県	7,408,499	7,254,704	2.1
三重県	1,854,742	1,866,963	-0.7

4

モノあふれの時代に何を引っさげて独立するのか？

日本には「ないものはない」といっても過言ではないくらい、モノがあふれています。飲食品でいえば、ハンバーガー、牛丼、中華、焼き肉、寿司、お好み焼き、フレンチなどなど何でも揃っています。世界中の料理が日本にいて食べられる、といってもいいすぎではないでしょう。

商品にしても、デパートに行けば衣類、雑貨、電化製品、装飾品、家具、生鮮品などなどほとんどのモノが手に入ります。サービスも通信、交通、宿泊、医療、教育、レジャーなどなど、あらゆるサービスが揃っています。

そして、その**いずれの商品・サービスにも大手のフランチャイズが複数進出し、互いにしのぎを削っている**のが、今の日本なのです。

このような状況の中で、あなたは何を引っさげて独立開業するつもりですか？

まだどこにもないオリジナルの商品・サービスを見つけるのは至難の業です。
仮にオリジナルの商品・サービスが見つかり、それで独立開業したとします。はじめはいいかもしれません。しかし、そこに市場があると見れば、すぐに大手が大きな資本を引っさげて追撃してくることは簡単に予想できます。大手のチェーンの間では、ライバル社の新サービスに追随していくことなど日常茶飯事です。大手チェーン店対個人商店では、まず勝ち目はないでしょう。

このご時世、個人で独立開業するのは、私のような凡人から見れば、「**無謀**」としかいいようがありません。
よほどの才能と実力があって、資金も潤沢にあるのであれば別ですが、失敗したら終わりというギリギリの資金状況の中で、あなたはリスクを犯すことができますか？

ちなみに私の場合、現在26店舗のお店を経営していますが、**これまで一度もオリジナルの商品でお店を出すことを考えたことはありません**。理由は、何で勝負すれば勝てるのかがわからなかったことと、万一失敗したときのリスクを取れる状況ではなかったことの２つです。

5 こんな時代だからこそ、独立開業のチャンス

これまでかなり厳しいことを書いてきましたので、「やっぱり独立開業するのはやめたほうがいいかな?」と思った人も多いのではないでしょうか。

しかし、現在のような不況期は、じつは**独立のチャンス**でもあるのです。

その理由は、次の6つです。

①優良な物件が出やすい
②居抜き物件が出やすい
③家賃の値下げ交渉ができる
④いい人材が集まりやすい
⑤銀行の融資が受けやすい
⑥業者と値引き交渉がしやすい

①優良な物件が出やすい

飲食店をはじめとする店舗型ビジネスの場合、立地は重要です。立地の良し悪しが成否を分けるといっても過言ではありません。

好況期には物件の借り手が多く、優良な物件を見つけるのは至難のワザです。しかし不況期になると借り手が少なくなるため、優良な物件が見つかる可能性も高くなります。

②居抜き物件が出やすい

居抜き物件（調度品や設備を残したままの物件）が出やすいのも不況期の特徴です。自分の業態に合った居抜き物件を見つけることができれば、初期費用（イニシャルコスト）を安く押さえることができます。

③家賃の値下げ交渉ができる

好況期のときは借り手が多いので、大家さんもなかなか家賃の値下げ交渉に応じてくれません。しかし、不況期で借り手がいなくなると、大家さんも困るので値下げ交渉に応じてもらえやすくなります。家賃を2万でも3万でも下げることができれば、年間のランニングコストはかなり押さえられますので、経営もラクになります。

④いい人材が集まりやすい

いい人材が集めやすいことも、不況期の特徴です。企業の採用が減り、失業者が増えるからです。

飲食店は特に、どれだけ優秀なスタッフを揃えられるかで、売上が変わってきますので、優秀な人材が集めやすい不況期はチャンスといえるのです。

⑤銀行の融資が受けやすい

不況期になると、新規出店や設備投資が減ります。すると、銀行の融資先も減ることになります。それでは銀行は困るので、融資を受けられる可能性が高くなります。

⑥業者と値引き交渉がしやすい

不況期になると、内装業者や仕入れ業者のような取引業者は仕事が減りますので、値引き交渉がしやすくなるというメリットもあります。交渉してみると、意外と値引きに応じてくれるものです。ここでも、コストを下げることができます。

このように**不況期は、独立開業を目指す人に対してのフォローの風**ともなるのです。

●不況期は独立のチャンス!

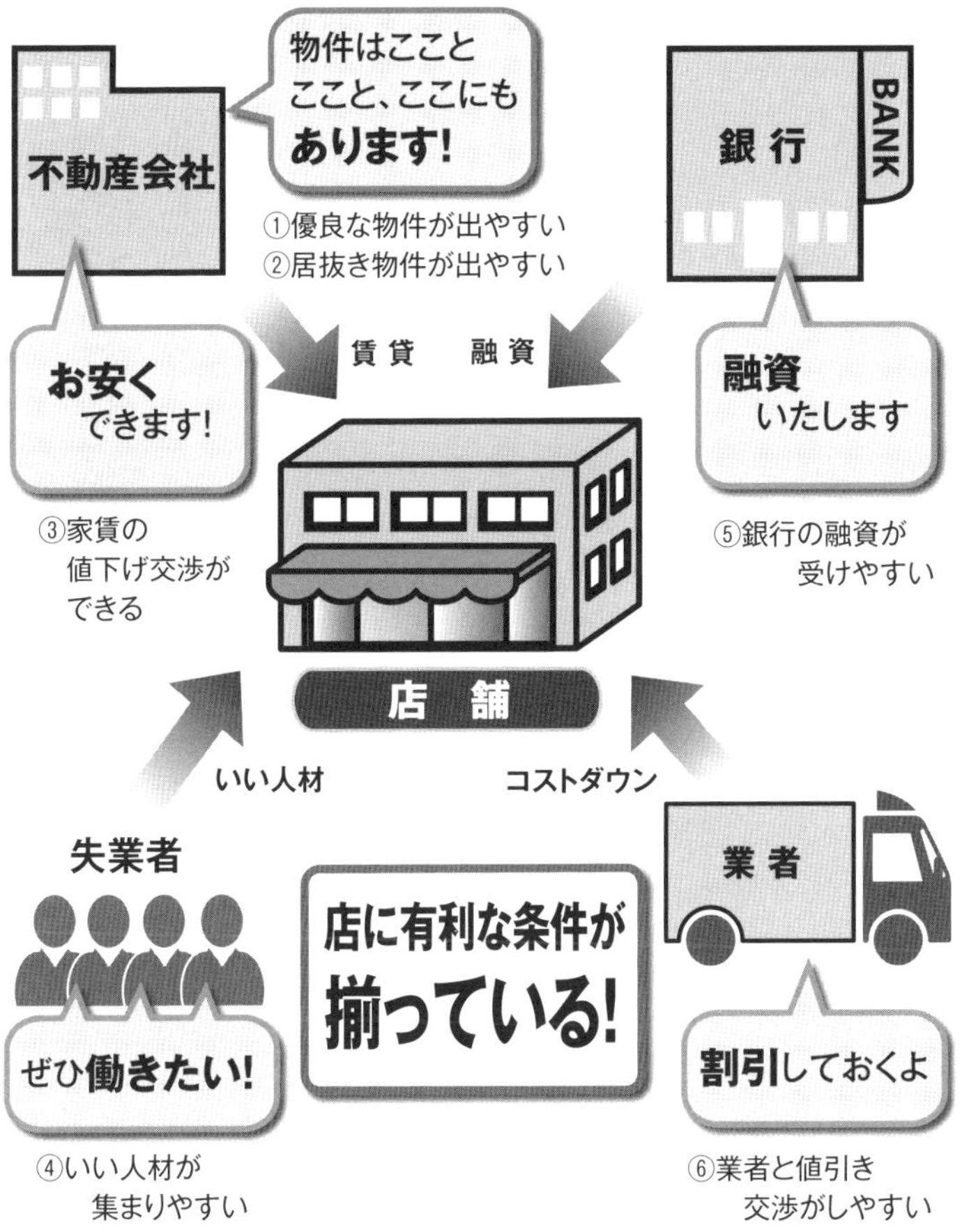
不動産会社
物件はここと
ここと、ここにも
あります!
①優良な物件が出やすい
②居抜き物件が出やすい
銀行
BANK
お安く
できます!
賃貸
融資
融資
いたします
③家賃の
値下げ交渉が
できる
⑤銀行の融資が
受けやすい
店舗
いい人材
コストダウン
失業者
業者
店に有利な条件が
揃っている!
ぜひ働きたい!
割引しておくよ
④いい人材が
集まりやすい
⑥業者と値引き
交渉がしやすい

6

フランチャイズという名の独立開業スタイル

不況の今こそ独立開業のチャンス！　とはいうものの、前述したように、個人商店では5年生き残れる確率が約25％しかありません。したがって、よほどの実力と潤沢な資金がない限り、個人で独立開業するのはやめたほうがいいでしょう。

特に、**40歳を過ぎてからの安易な独立は、失敗した場合の再就職がかなり厳しくなりますので**、慎重にすべきです。

「でも、せっかくのチャンスなのに……。何かいい方法はないものか？」

そんな方にお勧めしたいのが、フランチャイズ・ビジネスです。

ここで、フランチャイズ・ビジネスのことをご存じない方のために簡単に説明しておくことにします。

そもそもフランチャイズという言葉は、「ｆｒａｎｃｈｉｓｅ」という英単語からそのままきています。「（人や会社などに）特権（一手販売権）を与える」という意味で用いられます。特権を与える者を「本部（フランチャイザー）」といい、特権を与えられる者を「加盟店（フランチャイジー）」といいます。

本部が加盟店に与える特権というのは、主に次の３つです。

①本部の商標、サービスマーク、チェーン名称を加盟店が使用する権利
②本部が開発した商品やサービスなど、経営上のノウハウを加盟店が利用する権利
③本部が継続的に行う指導や援助を加盟店が受ける権利

加盟店は、これら本部から与えられた権利を使って、店舗などを作り、商売をします。そしてその対価として、本部に「加盟金」と「ロイヤリティ」を支払います。こうした事業の形をフランチャイズ・ビジネスと呼びます。

なお、本部と加盟店はそれぞれ別個の独立した会社（加盟店は個人事業主の場合もあり）で、加盟店のオーナーは名実ともに「一国一城の主」になります。

これがフランチャイズ・ビジネスの仕組みです。私はこのスタイル（フランチャイジー）での独立開業をお勧めしているのです。

「なんだ。フランチャイズか……」と思った方や、「フランチャイズは加盟金を払わなきゃいけないし、開業してからもロイヤリティを取られるからあまり儲からないんじゃないの？」と、フランチャイズにあまりいいイメージをお持ちでない方もいらっしゃることでしょう。

しかし、私はあえていいます。

「初めての独立開業で失敗したくないのなら、加盟金やロイヤリティを取られても、それでもフランチャイズを選びなさい」と。

●フランチャイズ・ビジネスの仕組み

①商標、サービスマーク、チェーン名称を使う権利
②経営上のノウハウを利用する権利
③継続的な指導や援助を受ける権利

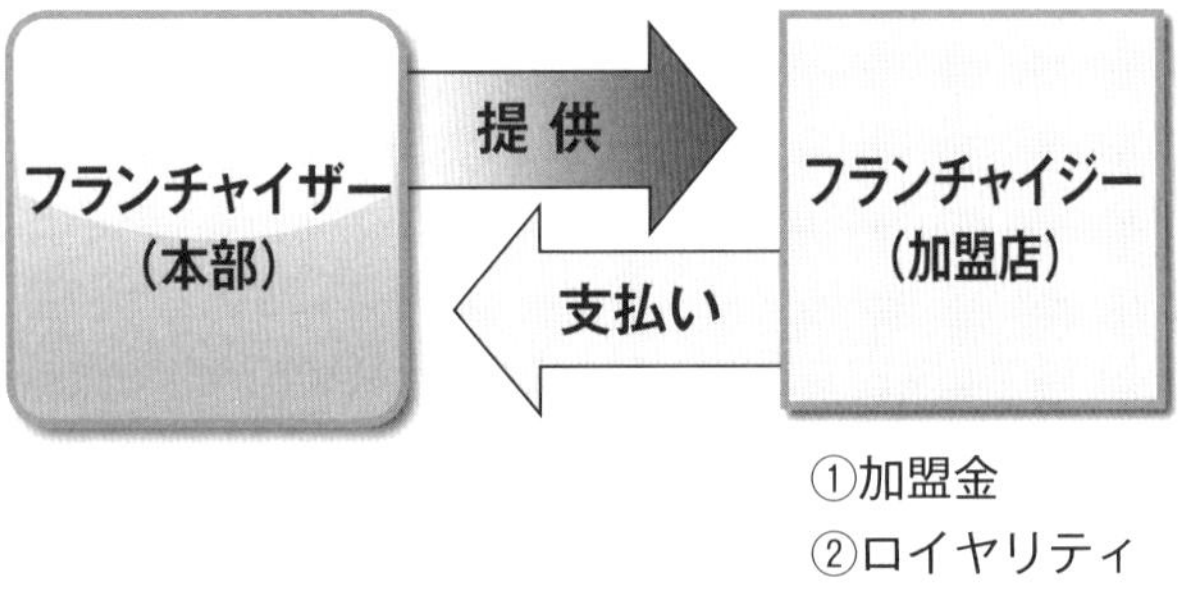

①加盟金
②ロイヤリティ

フランチャイズで独立開業した場合の5年生存率を紹介しておきましょう。個人商店の場合の5年生存率は25％でしたが、フランチャイズの場合はどれくらいだと思いますか？

答えは、約70％です（社団法人日本フランチャイズチェーン協会「各年度のフランチャイズチェーン店舗数の統計データ」と、経済産業省の「我が国のフランチャイズの現状」の中のフランチャイズの廃業率をもとに推計）。

100人が独立開業したら、約70人が5年後も生き残っているということです。

この約70％という数字を高いと感じた人もいれば、思ったより高くなかったと感じた人もいるかもしれません。

しかし、個人での独立開業に比べると、なんと2・8倍にもなります。

実際、私でさえも、フランチャイズの仕組みを利用することで、無事に独立開業することができました。しかも1店舗目をオープンしてから15年以上、生き残ることができています。

したがって、もしもあなたが「脱サラしたいけれど、どんな業種で独立していいかわからない」、「独立開業したいけれど、うまくやっていけるかどうか自信がない」といったことで悩んでおられるとしたら、ぜひフランチャイズ・ビジネスでの独立開業を真剣に検討されることをお勧めします。

7 フランチャイズは儲からないのか？

世の中には、「フランチャイズは儲からない」と思っている人も多いようです。

しかし、考えてみてください。

儲からないというイメージがあるにもかかわらず、世の中にはフランチャイズのお店がたくさんあります。それはいったい、なぜでしょうか？

儲からないのであれば、誰もやる人はいないはずです。しかし、現実にはフランチャイズをやっている人はたくさんいますし、お店もたくさんあります。すでにお話ししましたとおり、駅前の一等地やメインストリートはほとんどがフランチャイズのお店ですし、個人商店はその姿を消しつつあるのです。

ということは、**フランチャイズは儲からないビジネスではない**、ということなのです。

実際、私も3つのフランチャイズ本部に加盟し、26のお店を経営していますが、儲からないビジネスだと感じたことはありません。

いや、正直にいうと、ロイヤリティを払うのがやっとという時期もありました。

しかし、それは**経営がうまくいっていなかったのが原因**で、フランチャイズだからではなかったのです。現に今ではどのお店も、適正な利益を出しています。

もちろん、すべてのフランチャイズが儲かるというつもりはありません。儲かるかどうかはオーナーの腕にかかっている部分もあるからです。ただ**もし、「フランチャイズだから儲からない」と認識しているのであれば、それは間違っている**といえるでしょう。

次章では、個人商店とフランチャイズのメリット・デメリットをより詳しく確認します。

各章の終わりには、成功のポイントを独立・起業成功法則としてまとめました。全部で77つの法則がありますので、ぜひ参考になさってください。

◆独立・起業成功法則　その1

個人で独立開業した場合の5年生存率は約25％。10年続けられる人は、約10％しかいないことを心得ておくべし！

◆独立・起業成功法則　その2

飲食店だけに限っていえば、1年持てばいいほうである！

◆独立・起業成功法則　その3

一人で商品開発、広告・宣伝、人材採用・教育、店の経営までするのは難しい！

◆独立・起業成功法則　その4

どこにもないオリジナルの商品・サービスを見つけるのは至難のワザ。仮にそれが見つかったとしても、そこに市場があると見た大手がすぐに追撃してくると心得ておくべし！

◆独立・起業成功法則　その5

現在のような不況期は、独立開業のチャンス！

◆独立・起業成功法則　その6

40歳を過ぎてからの安易な独立は、慎重にすべき！

◆独立・起業成功法則　その7

フランチャイズの5年生存率は約70%。個人の独立開業に比べると、なんと2・8倍！

第2章

フランチャイズは成功への近道

——私がフランチャイズを勧める理由

1 個人商店のメリット・デメリット

前章で、「今の時代、独立開業するなら個人商店ではなく、フランチャイズを選んだほうがいい」と書きました。その理由は、個人商店では生き残れる確率が低いからでした。しかし、個人商店にメリットがないわけではありませんし、フランチャイズもメリットばかりではありません。

ここではまず個人商店とフランチャイズの主なメリットとデメリットを整理してご紹介したいと思います。

個人商店のメリットは、何といっても「**自分の好きなように、自由にできる**」ということです。

たとえば、飲食店であれば、メニューの開発や改定、販売価格の決定や改定、店舗の外装・内装のデザイン、営業時間や定休日、自分の給料やボーナスなどなど、何でも自分の好きなように決められます。

誰からも指図されず、自分の思ったとおり自由にやりたい人にとっては、ほかにはない大きな魅力といえるでしょう。それにもし繁盛すれば、大きな利益を手に入れることもできます。

しかし、何でも自由にできることと成功できることはイコールではありませんので、このメリットを享受して成功するには、相当の才能と実力と資金が必要であることはいうまでもありません。

逆に、個人商店のデメリットは、すぐに思いつくものだけでも10個くらいあります。

①出店から商品開発、人材採用、人材育成、広告宣伝、店舗運営、経理、経営まで、すべて自分が責任を持ってやらなければいけない
②どうしても労働時間が長くなる
③なかなか休みが取れない
④信用度が低いので、銀行融資を受けにくい
⑤信用度が低いので、いい物件を貸してもらえない

⑥信用度が低いので、いい人材が集まりにくい
⑦時代のニーズに合った商品開発をし続けていくのが難しい
⑧人材育成のマニュアルがないので、人を育てるのが難しい
⑨情報は自分で集めるしかない
⑩自分が万が一病気になったら、店舗の運営ができなくなってしまう

個人商店だと必ずこうなるというわけではありませんが、**これらの問題で苦労している店主の方々が多い**のは事実です。

店が軌道に乗ってくれれば、専門家を雇って任せることもできますが、最初のうちは全部自分でやらなければいけません。

飲食店の場合でいうと、新メニューを考えたり、店舗を運営したりするだけでも大変なのに、求人やスタッフ教育、経理、広告宣伝といった専門外のことまで一人でやらなければいけないのです。

そのためには、当然専門的な勉強もしなければいけませんので、自然と労働時間が長くなり、休みも取れないということになるのです。

また、個人商店の場合は、オープンに漕ぎ付けるまでも大変です。特に、初めての場合は、知名度も実績もノウハウもありませんし、資本もそれほどあるわけではありませんので、大手企業に比べるとどうしても信用力という点で劣ってしまいます。

その結果、銀行融資を受けにくかったり、いい物件を貸してもらえなかったり、いい人材が集まりにくかったりということが起こるのです。

オープンしたあとも、個人の場合よほど才能がないと、時代のニーズに合った商品開発をし続けていくのは至難の技です。また、人材育成の経験がない人にとっては、人を育てるのもひと苦労といえます。

店舗運営に関するノウハウや業績アップのためのノウハウについても、フランチャイズであれば本部が提供してくれますが、個人の場合は自分で集めるしかありません。もちろん、情報を集めただけでは意味がなく、勉強もしなければいけませんので、休んでいる暇などないのです。

しかも、働きすぎて病気になってしまったら、店舗の運営ができなくなるというリスクも常に存在していますので、**個人商店で成功するのは非常に厳しい**といえるでしょう。

2 フランチャイズのメリット・デメリット

続いては、フランチャイズのメリット・デメリットです。

フランチャイズについては、まずはデメリットからお話ししましょう。一般的には、次の3つがよく挙げられます。

①自分の自由にできない
②ロイヤリティを取られる
③同じチェーンのどこかのお店が問題を起こすと、巻き添えを食うことがある

①の自由にできないことについては、フランチャイズの場合仕方のないことです。ほとんどのことがマニュアル化されていますので、**個人商店に比べて自由にできる部分が圧倒的に少ない**のが特徴なのです。

したがって、「どうしても自分の思うとおりにやりたい」「自分のオリジナルの商品で勝負したい」という人は、個人商店で独立開業したほうがいいでしょう。

②のロイヤリティというのは、商標の使用や営業指導などの見返りとして、加盟店が本部に毎月支払う対価のことで、一般的には売上の３～５％です。月商５００万円のお店であれば、毎月15～25万円のロイヤリティを本部に対して支払うことになります。確かに**個人商店であれば払う必要のないお金**です。加盟店の負担は増えることになります。

③の巻き添えについては、チェーン店である以上、仕方がないことです。お客さんにとっては直営店もフランチャイズ店も見た目は一緒なので、**どこかのお店が問題を起こすと、自分のお店は関係なくても、同じように見られてしまう**からです。

幸い、私はまだ巻き添えを食ったことはありませんが、こういうリスクがあることを覚悟した上で経営を行っています。これについては第7章で詳しくお話しします。

続いて、フランチャイズのメリットですが、「はじめに」で書いたことも含め、大きなメリットとしては次の10個が挙げられます。

①銀行融資が受けやすく、融資額も多い
②立地条件のいい場所を格安で借りられる
③ネームブランドがあるので、開店初日からお客さんがたくさん来てくれる
④チェーン店なので、常に成功事例や失敗事例を共有しあっている
⑤商品開発力が、個人商店よりも格段に優れている
⑥社会的評価が定まっているので、優秀な人材が集まってくる
⑦本部の各部署が経営をバックアップしてくれる
⑧スケールメリットを生かしていいものを安く仕入れられる
⑨大組織なのでＴＶＣＭ等の大きなＰＲができる
⑩その地域に必要なお店として長く商いができる

それでは、順に解説していきましょう。

①銀行融資が受けやすく、融資額も多い

フランチャイズは、知名度がありますし、資本力もあります。また、成功実績もたくさんありますし、時代の変化にも柔軟に対応できる力もありますので、**個人商店に比べては**

るかに信用度が高いといえます。

そのため、銀行融資を受ける場合、個人商店だと必ず事業計画書の提出を求められ、内容についても厳しく審査されるのに対し、フランチャイズの場合はよほどのことがない限り銀行は融資をしてくれますし、多額の融資を有利な条件で受けられる可能性も高くなります。オーナーとしては1店舗目だったとしても、**チェーンとしての実績**があれば、融資が受けやすくなるのです。

②立地条件のいい場所を格安で借りられる

個人商店とフランチャイズでは信用度が違いますので、立地条件のいい物件を借りやすくなります。

駅前の一等地を借りたいと思っても、個人

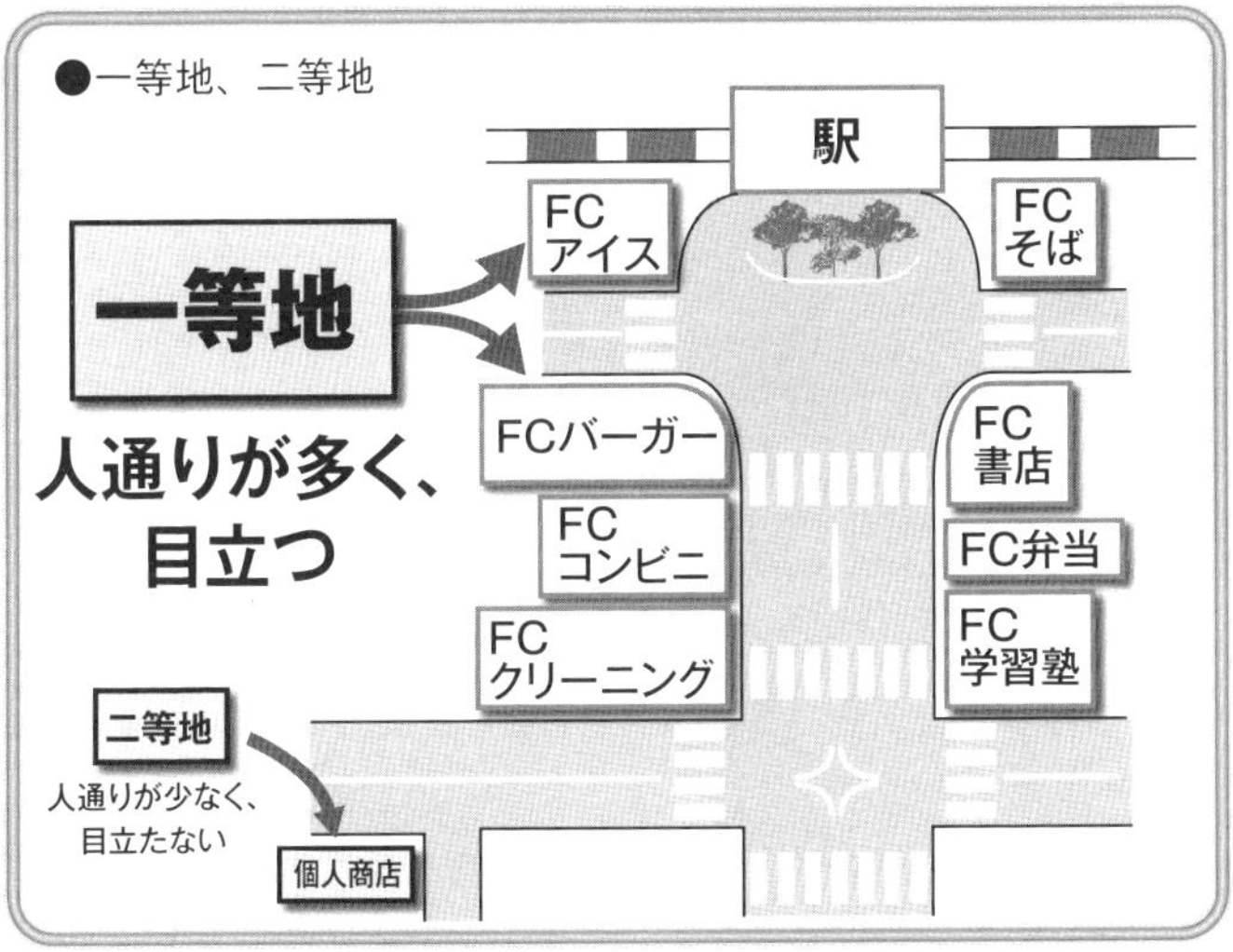

商店ではなかなか借りることができませんが、フランチャイズだと借りられるケースが多いのです。

また、個人商店だとなかなか応じてもらえない家賃交渉も、フランチャイズなら応じてもらえる可能性が高くなります。

さらに、グループで数十、数百と借りている実績があるので、地主さんと有利な条件で交渉ができるのも大きなメリットです。

③ネームブランドがあるので、開店初日からお客さんがたくさん来てくれる

ネームブランドは、知らないお店よりも知っているお店を選ぶという消費者心理からすると、非常に大きなメリットといえるでしょう。**ネームブランドがあるということは、安心・安全・信用があるということです。**フランチャイズならば、最初からこの3つが揃っているのです。

たとえば、2つのハンバーガーショップがあったとしましょう。1つは「丸ちゃんバーガー」という名前の個人商店で、もう1つは世界の「マクドナルド」です。ハンバーガーを食べたいと思ったとき、あなたならどちらに行きますか?

おそらくマクドナルドを選んだ人が多いのではないでしょうか？　私も確実にマクドナルドに行きます。

丸ちゃんバーガーなんて聞いたこともないですし、美味しいかどうかも入って食べてみないとわかりません。「味はいまいちなのに値段は高い」店だったら嫌ですよね。当然、入るのは不安です。その点、マクドナルドには、これまで何度も行ったことがあるでしょう。チェーン店なので、**どんなメニューがあって、どんな味で、どんな値段なのかが店に入る前からわかっています**。ですので、安心して行くことができるのです。

これがブランドの力であり、信用なのです。すごく大きな差だと思いませんか？

この差はそのまま集客の労力にも表れます。

丸ちゃんバーガーであれば、一生懸命集客しないとお客さんが来てくれません。しかしマクドナルドであれば極端な話、何もしなくてもお客さんが来てくれるのです。

しかも、この差はオープン時だけではありません。オープンした後も新規のお客さんを獲得していく過程においては、ずっと続いていくことなのです。

④チェーン店なので、常に成功事例や失敗事例を共有しあっている

個人商店の場合は「こうやったら成功する」「こうやったら失敗する」というノウハウ

を蓄積するのに時間がかかります。

しかし、チェーン店なら何十店舗、何百店舗というスケールで日々成功事例・失敗事例が蓄積されています。しかもそれを共有できるので、**成功の確率が高まると同時に、時代の変化にも対応しやすくなります**。特に、失敗事例からは多くを学ぶことができます。

また、「お客様の声」のようなアンケート、クレーム集を参考にすることもできます。

⑤商品開発力が、個人商店よりも格段に優れている

個人商店の場合、よほどの実力がなければ、お客さんを飽きさせない商品を開発し続けていくのは難しいでしょう。

特に最近は、お客さんのニーズの多様化とともに、**商品のライフサイクルもどんどん短くなりつつあります**。これに対応するのは大変です。

道とん堀では年に4回グランドメニューの改定を行っています。これを個人でやれといわれても、私にはとても無理だと思います。

⑥社会的評価が定まっているので、優秀な人材が集まってくる

優秀な人材が集まるのも、非常に大きなメリットです。特に飲食店の場合、お店が繁盛するかどうかは店長とスタッフの能力にかかっているところがあります。その点、優秀な人材が確保しやすいフランチャイズは有利なのです。

先ほど「丸ちゃんバーガーと世界のマクドナルドでは、どちらの店に入りますか?」という質問をしましたが、今度はこんな質問をしたいと思います。

もしあなたが働くとしたら、丸ちゃんバーガーと世界のマクドナルド、どちらの店がいいですか?

これについても、おそらく多くの人がマクドナルドと答えたのではないかと思います。なぜなら、友人から「どこで働いているの?」と聞かれたときに、誰も知らない丸ちゃんバーガーよりも、誰でも知っているマクドナルドのほうが世間体がいいからです。

働く人にとっては、雇用条件がほぼ同じであれば、その店が直営でもフランチャイズでも、あまり関係ありません。それよりも、**名前の通ったお店や会社で働いていることが重要**なのです。さらに、有名企業ということで安心感もあるでしょう。

私が次々と出店をしていく中で、優秀なスタッフを採用し続けることができたのも、お好み焼きの丸ちゃんではなく、道とん堀だったからでしょう。お好み焼きの丸ちゃんでは、現在のような多店舗展開は難しかったと思います。人材が集まらないからです。

⑦本部の各部署が経営をバックアップしてくれる

これもフランチャイズの大きなメリットです。具体的には、スーパーバイザーによる店舗運営や経営のバックアップ、研修部による人材教育や育成、開発部による新たな物件開発や時代の変化に対応した家賃交渉などがあります。飲食業界では、メニュー開発なども本部がしてくれます。

本部は商品開発や広告宣伝、マーケティング、教育研修などの面倒なことを代行してくれます。さらにスーパーバイザーが自分の代わりに定期的に店舗を巡回してマネジメントしてくれます。また、個人商店だと不測の事態で1週間休むのは大変ですが、フランチャイズなら人的なバックアップ体制があるので可能です。スタッフが足りないときは、グループ店から借りることもできるのです。

先だって、ロイヤリティが取られることがデメリットだとお話ししました。しかし、ロイヤリティにはこのような**手間賃**や**安心料**も含まれているのだと考えれば、考え方も変わるのではないかと思います。

⑧スケールメリットを生かしていいものを安く仕入れられる

加盟店が数十、数百の規模になると、食材はもちろんのこと、店舗の建築費、什器や備品、チラシ印刷、広告に至るまで、店舗運営に必要なものはほとんど安くできます。これが金銭的に大きなメリットを生みます。こうした**スケールメリット**を生み出せるのもフランチャイズの強みです。1店舗の個人商店ではなかなかそうはいきません。

⑨大組織なのでＴＶＣＭ等の大きなＰＲができる

ＴＶＣＭ等のマスメディアを使ったＰＲができるのも、フランチャイズならではです。実際、テレビ、ラジオ等での宣伝効果は、知名度やイメージのアップという点で非常に大きな効果があります。

また、本部がある程度の規模になってくると、**マスコミのほうから取材に来る**ようになります。こうなるとブランドの露出がますます増えて、ネームブランドの浸透につながっていきます。

⑩その地域に必要なお店として長く商いができる

これは個人商店にもフランチャイズにも可能性のあることですが、特にフランチャイズの場合は、その地域の一番いい場所に出店できるので、**地域の人たちの生活に欠かせない存在になれる可能性が非常に高くなります。**

地域の人たちの生活道路にある店と、あまり人の通らない裏通りにある店とでは、どちらが密着度が高いかというと、当然、生活道路にある店のほうが高いわけですから、そういう一等地に出せる力のあるフランチャイズを選ぶほうが長く商いができるということになるのです。長く商いができるということは、長く給料を取り続けることができるということです。

ところで、あなたは独立開業してどれくらいの給料を取りたいですか？

もし、**毎月100万円以上の給料を取りたいのであれば、個人商店での独立開業をお勧めします。** 個人商店であれば、うまくやればそれくらいの給料を取ることは十分可能だからです。さらに、行列のできるラーメン屋のような繁盛店にすることができれば、200万〜300万円の給料を取ることも可能でしょう。

ただし、前述したように、個人商店の5年生存率は約25％です。5年生き残れるのは100軒中25軒しかありません。

つまり、個人商店の場合、一時的には高い給料を取ることはできるけれども、それをずっと続けていくのは難しいということです。

一方、**5年、10年と長い期間、毎月の給料を100万円くらい取り続けたい**ということであれば、フランチャイズでの独立開業をお勧めします。

フランチャイズであれば、１００万円の給料を取り続けることはそれほど難しいことではないからです。お店が繁盛すれば、もっと取ることも可能です。

しかも、フランチャイズの５年生存率は約70％。１００軒に70軒は５年以上生き残れる可能性があるわけです。

実際、私は道とん堀のフランチャイズで1号店をオープンしてからすでに15年が経ちましたが、いまだに同じ場所で順調に営業を続けていますし、給料も毎月３００万くらい、開店以来ずっと取り続けています（正確にいうと、給料を取れない時期もありましたが、その話は第６章で詳しくお話しします）。

私は、**経営というのはしっかりと長く続けていくことが基本だと考えています。パッと咲いてパッと散るような短期間で終わる商いは、世の中の迷惑であるとさえ思っています。**

なぜなら、商いをするには何人、何十人、何百人の従業員を使うわけで、やめてしまうとその人たちを路頭に迷わせることになるからです。

したがって、経営者になる以上は、長く咲き続ける人生を目指していただきたいと思います。

まだまだほかにもメリットはあると思いますが、以上の10個が私の考えるフランチャイズの大きなメリットです。

フランチャイズ

□ メリット

①銀行融資が受けやすく、融資額も多い
②立地条件のいい場所を格安で借りられる
③ネームブランドがあるので、開店初日からお客さんがたくさん来てくれる
④チェーン店なので、常に成功事例や失敗事例を共有しあっている
⑤商品開発力が、個人商店よりも格段に優れている
⑥社会的評価が定まっているので、 優秀な人材が集まってくる
⑦本部の各部署が経営をバックアップしてくれる
⑧スケールメリットを生かしていいものを安く仕入れられる
⑨大組織なのでTVCM等の大きなPRができる
⑩その地域に必要なお店として長く商いができる

□ デメリット

①自分の自由にできない
②ロイヤリティを取られる
③同じチェーンのどこかのお店が問題を起こすと、巻き添えを食うことがある

フランチャイズにもデメリットはあるが
その何倍ものメリットがある!

●個人商店とフランチャイズのメリット・デメリット

個人商店

□メリット

①自分の好きなように、自由にできる

□デメリット

①出店から商品開発、人材採用&育成、広告宣伝、店舗運営、経理、経営まで、すべて自分が責任を持ってやらなければいけない
②どうしても労働時間が長くなる
③なかなか休みが取れない
④信用度が低いので、銀行融資を受けにくい
⑤信用度が低いので、いい物件を貸してもらえない
⑥信用度が低いのでいい人材が集まりにくい
⑦時代のニーズに合った商品開発をし続けていくのが難しい
⑧人材育成のマニュアルがないので、人を育てるのが難しい
⑨本部のサポートがないので情報が入ってこない
⑩自分が万が一病気になったら、店舗の運営ができなくなってしまう

**個人商店は自由だが
デメリットが多い**

3 そもそも、あなたは経営者ですか？

個人商店にしろ、フランチャイズにしろ、**独立開業するということは、経営者になるということ**です。

会社組織にしているか、していないかは関係ありません。独立開業したら、あなたはれっきとした経営者。雇われ人ではなくなるのです。スタッフを雇ったら、給料も払わなければなりません。これまで会社から給料をもらっていたのが、今度は給料を払う立場に変わります。

経営者になるあなたには、これまでのサラリーマン思考を捨て、経営者思考を身につけることが求められていると思います。そもそも、あなたは経営者ですか？

サラリーマン思考とは、会社や自分の失敗を外部環境のせいにしてしまう考え方です。売上不振を「商品が悪いから」「今日は雨だから」「スタッフが悪いから」「不景気だから」などと考え、いいわけにしてしまうのです。

一方の**経営者思考**とは、自分たちができることを完全にやるという考え方です。外部にいいわけをするのではなく「この商品はどうしたら売れる？」「雨の日にお客さんを呼ぶにはどうしたらいい？」「スタッフのやる気を引き出すには？」「不景気でも売上を伸ばすには？」と内部で考え、実行していくのです。

オーナー会議や異業種交流会などに参加すると、サラリーマン思考の方を多く見かけます。しかし、**サラリーマン思考から抜け出せない方は、独立後のわりと早い段階でお店や会社を潰してしまっているようです**。

私もそこから抜け出すのに4年かかりました。その間、お店を潰しかけたこともあったのです。

しかし、潰さずにすんだのは、**本部のサポートやバックアップ**があったからです。もしも、あのとき一人で誰にも相談できずにいたら、私も潰していたかもしれません。

これ以来、私は研修やセミナーに通って真剣に経営を学ぶようになりました。そして、学べば学ぶほど、経営の奥深さを知るようになったのです。

これまで経営をしたことがない人がいきなり経営者になるわけですから、わからないことばかりで戸惑うことも多いはずです。

現在サラリーマンの人で、独立開業を考えている人は、**経営**を学んでおくことをお勧めします。

ただ、実際にやってみないとわからないことも多くあり、戸惑うと思います。ですからはじめは、**本部のバックアップが受けられて、オーナー仲間もたくさんできるフランチャイズで独立するのが、私はいいと思います。**

そして、その間にいろいろな勉強をしながら、経営者思考への切り替えを行い、真の経営者へと成長していくのがベターな選択肢といえるでしょう。

●サラリーマン思考と経営者思考

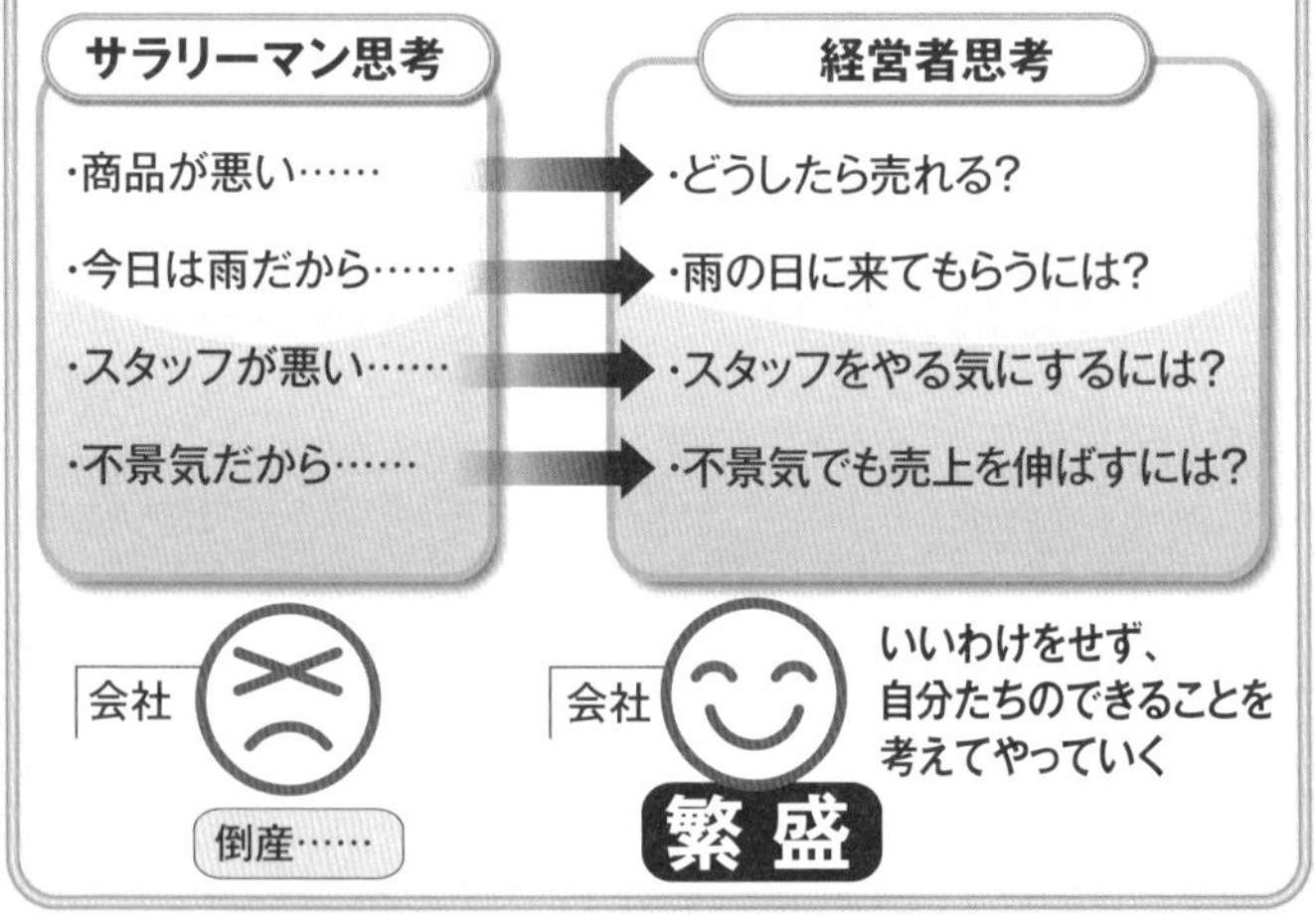
サラリーマン思考
・商品が悪い……
・今日は雨だから……
・スタッフが悪い……
・不景気だから……
経営者思考
・どうしたら売れる？
・雨の日に来てもらうには？
・スタッフをやる気にするには？
・不景気でも売上を伸ばすには？
会社
倒産……
会社
繁盛
いいわけをせず、
自分たちのできることを
考えてやっていく

◆独立・起業成功法則 その8
自分の好きなように自由にやりたい人は、個人商店で独立開業すべし！

◆独立・起業成功法則 その9
ただし、個人商店の場合はデメリットもたくさんあることを心得ておくべし！

◆独立・起業成功法則 その10
フランチャイズだと、銀行融資が受けやすく、融資額も多い！

◆独立・起業成功法則 その11
フランチャイズだと、立地条件のいい場所が格安で借りられる！

◆独立・起業成功法則 その12
フランチャイズだと、開店初日からお客さんがたくさん来てくれる！

◆独立・起業成功法則　その13
フランチャイズだと、常に成功、失敗事例を共有しあえる！

◆独立・起業成功法則　その14
フランチャイズのほうが個人商店よりも、商品開発力が優れている！

◆独立・起業成功法則　その15
フランチャイズのほうが、優秀な人材を集めやすい！

◆独立・起業成功法則　その16
ブランドとは、お客さんや世の中に対する信用と思うべし！

◆独立・起業成功法則　その17
細く長く事業を継続したいなら、個人商店よりもフランチャイズが断然有利！

◆独立・起業成功法則　その18
ロイヤリティは事業を長く継続するための必要経費と考えるべし！

◆独立・起業成功法則　その19
経営者思考になるには時間がかかる。フランチャイズでトレーニングすべし！

◆独立・起業成功法則　その20
一流企業の立ち居振る舞いや考え方、組織の品格を学ぶべし！

◆独立・起業成功法則　その21
本部の各部署は経営のバックアップをしてくれるので応援してもらうべし！

◆独立・起業成功法則　その22
独立開業する前に、経営の勉強をしておくべし！

なるほどコラム1

日本初のフランチャイズ

いまや20兆円産業ともいわれるフランチャイズ。そのビジネスの日本での始まりには諸説あります。

1956年、「日本のコカコーラ事業の父」とも呼ばれる高梨仁三郎氏が9年にわたる政府や企業との交渉の末、アメリカのコカコーラ社とフランチャイズ契約を結びました。高梨氏は東京飲料株式会社（現東京コカ・コーラボトリング株式会社）を立ち上げ、翌年には製造・販売をはじめました。

1963年にはダスキンが水を使わずにホコリをとる商品を販売。フランチャイズの仕組みを利用して、全国に販売店を展開しました。また同年、洋菓子の老舗、不二家もフランチャイズ1号店を京都市伏見区にオープンさせています。

これらの契約は現在の一般的なフランチャイズ契約と少々異なる面もあるようですが、以降多くの企業がフランチャイズ事業に乗り出していったことは事実です。先人たちは、果たしてフランチャイズがこれほどまでに成長するなどと想像していたでしょうか。

ちなみに、世界初のフランチャイズにも諸説あります。そのなかでも身近なのはケンタッキーフライドチキンでしょう。創業者のカーネル・サンダース氏はチキンの作り方を教えるかわりに、売れたチキンの本数に応じてお金を受け取ることにしたのです。そう、これはまさに本部と加盟店の関係そのものですね。

第3章

失敗しない
フランチャイズ本部選び

――開店までの注意点

1 フランチャイズの現状

ここまで、独立するならフランチャイズが有利だとお話ししてきました。しかし、いくらフランチャイズが有利だとはいっても、5年生存率は約70%。**やり方を間違えてしまうと、残りの30%に入ってしまいかねません。**

そこで本章では、あなたがフランチャイズでの独立で失敗しないために、業種の選び方、健全な本部の見極め方、開店までの流れ、チェックポイントなどをご紹介します。

その前に、フランチャイズの現状について、少しお話ししておきましょう。

社団法人日本フランチャイズチェーン協会の「2009年度JFAフランチャイズチェーン統計調査」によると、2009年度の日本国内のフランチャイズチェーン数は1206チェーンで、コンビニも含めた小売業が330チェーン、外食業が512チェーン、サービス業が364チェーン。

総店舗数は、直営店と加盟店を合わせて23万１６６６店舗で、これは前年に比べて０・４％の増加となっています。

小売業では、高齢者向けの健康食宅配が、まだまだ規模は小さいながらも、急拡大しているようです。

外飲業では、たい焼き、たこ焼き、セルフ式うどん店、立ち飲み居酒屋、セルフ式居酒屋などが拡大しています。

また、サービス業では、コインランドリーやハウスクリーニング、低価格のレンタカー、介護関連のサービスビジネスが伸びているといいます。

次ページに業種別のチェーン数、店舗数、売上高の一覧表を載せておきました。

あなたの関心がある業種には、どのような業態のフランチャイズがあるのか。その規模や伸び率はどうなのか。フランチャイズ選びの参考にしてください。

●2009年度FC統計調査（業種別チェーン数・店舗数・売上高）

業種の分類一覧

業種分類	含まれる業種
(1)小売業	
各種商品総合小売	
各種総合小売	スーパーマーケット、ワンプライスショップ(100円ショップ)、業務スーパー、ホームセンター等
宅配販売・通信販売・無店舗販売	宅配販売、移動販売等
飲食料品関係小売	
各種食料品小売	食料品、酒小売(ディスカウントストア)、米穀店等
家具・什器・家庭用品関係小売	家庭電器販売店、家具・インテリア小売、家庭雑貨店等
医薬品・書籍・スポーツ用品・中古品等小売	薬局、化粧品、書籍(リサイクル書店)、文具、印章店、スポーツ用品店、TVゲーム専門店、カメラ店、時計店等
(2)外食業	
ファーストフード	
その他ファーストフード	サンドイッチ、フライドチキン、ドーナツ、お好み焼き・たい焼き店等
一般レストラン	
焼肉店・その他の一般レストラン	焼肉店、しゃぶしゃぶ店、韓国料理店、専門レストラン等
コーヒーショップ	喫茶店、カフェ、専門店(紅茶・緑茶等)
(3)サービス業	
レジャーサービス・ホテル	ホテル、レジャー施設等
リース・レンタルサービス	CD・DVD・ビデオレンタル、建設機器レンタル、レンタカー、生活用品レンタル等
その他サービス	職業紹介、家事支援サービス、マッサージ、介護サービス、ペット関連サービス、冠婚葬祭業、保育所、運送業、情報サービス等

社団法人日本フランチャイズチェーン協会「2009年度JFAフランチャイズチェーン統計調査」より作成

(1)小売業

	チェーン数			店舗数				売上高(100万円)			
	2008	2009	増減	2008	2009	増減	前年比	2008	2009	増減	前年比
コンビニエンスストア	30	27	-3	44,391	45,006	615	101.4%	8,067,257	8,119,490	52,233	100.6%
宅配販売・通信販売・無店舗販売	13	16	3	2,131	2,374	243	111.4%	78,079	85,772	7,693	109.9%
衣服・靴・身の回り品小売	34	34	0	4,170	4,133	-37	99.1%	165,198	150,233	-14,965	90.9%
飲食料品関係小売	50	51	1	6,018	5,656	-362	94.0%	377,571	367,127	-10,444	97.2%
菓子・パン小売	27	29	2	4,062	3,809	-253	93.8%	155,896	152,444	-3,452	97.8%
自動車・自転車関係小売	26	26	0	3,770	3,913	143	103.8%	635,289	622,457	-12,832	98.0%
家具・什器・家庭用品関係小売	34	32	-2	4,571	4,364	-207	95.5%	2,385,595	2,419,670	34,075	101.4%
医薬品・書籍・スポーツ用品・中古品等小売	120	120	0	16,352	16,626	274	101.7%	1,248,715	1,210,099	-38,616	96.9%

(2)外食業

	チェーン数			店舗数				売上高(100万円)			
	2008	2009	増減	2008	2009	増減	前年比	2008	2009	増減	前年比
持ち帰り寿司・弁当店	22	23	1	7,555	7,657	102	101.4%	391,128	367,548	-23,580	94.0%
ラーメン・餃子	91	88	-3	4,983	4,782	-201	96.0%	250,774	236,186	-14,588	94.2%
カレー・牛丼	17	17	0	3,593	3,687	94	102.6%	266,238	262,276	-3,962	98.5%
ハンバーガー	7	7	0	6,067	5,956	-111	98.2%	665,621	676,292	10,671	101.6%
アイスクリーム	9	8	-1	1,350	1,387	37	102.7%	39,511	40,701	1,190	103.0%
日本料理・寿司店	61	53	-8	2,496	2,452	-44	98.2%	225,002	205,186	-19,816	91.2%
西洋料理・ステーキ・ピザ・パスタ	46	42	-4	3,754	3,884	130	103.5%	319,737	333,221	13,484	104.2%
中華料理店	7	7	0	788	850	62	107.9%	91,537	109,000	17,463	119.1%
焼肉店・その他の一般レストラン店	65	58	-7	5,452	5,075	-377	93.1%	543,788	512,537	-31,251	94.3%
居酒屋・パブ	93	95	2	5,991	6,284	293	104.9%	411,033	423,155	12,122	102.9%
コーヒーショップ	39	38	-1	4,74	4,701	-41	99.1%	283,535	282,025	-1,510	99.5%

(3)サービス業

	チェーン数			店舗数				売上高(100万円)			
	2008	2009	増減	2008	2009	増減	前年比	2008	2009	増減	前年比
クリーンサービス・クリーニング	22	26	4	4,498	4,588	90	102.0%	90,279	92,890	2,611	102.9%
理容・美容	43	36	-7	3,591	3,517	-74	97.9%	99,647	87,873	-11,774	88.2%
DPE・印刷・コピーサービス	9	10	1	2,478	2,439	-39	98.4%	61,727	60,133	-1,594	97.4%
レジャーサービス・ホテル	21	23	2	978	972	-6	99.4%	174,260	165,632	-8,628	95.0%
自動車整備	9	9	0	1,789	1,688	-101	94.4%	10,691	10,491	-200	98.1%
リース・レンタルサービス	26	25	-1	12,580	12,475	-105	99.2%	803,848	80649	22,644	100.3%
学習塾・カルチャースクール	72	75	3	30,115	30,241	126	100.4%	306,942	304,625	-2,317	99.2%
住宅建築・リフォーム・ビルメンテナンス	53	58	5	7,901	7,911	10	100.1%	568,888	555,741	-13,147	97.7%
その他のサービス	110	102	-8	24,202	23,729	-473	98.0%	307,501	319,105	11,604	103.8%

2 これからの世の中に必要な商いの選び方

独立開業において、**この先10年、20年と長く続けられる商いを見つけることは非常に重要です**。どうやって選べばいいのでしょうか？　当然ながら、未来のことはわかりません。しかしその中で、選択のヒントになりそうなポイントが5つあります。

①これからの世の中、どんなお店が必要か？
②10年以上続きそうな業界か？
③今あるものの中で、新しい形で進んでいる事業体はないか？
④自分の得意分野のフランチャイズはないか？
⑤今まで生きてきた中で、自分が気に入ったお店はなかったか？

では、順に解説していきましょう。

①これからの世の中、どんなお店が必要か？

今の日本には、たいていのものは揃っているように見えます。しかし、時代の変化とともに求められるようになるサービスもあります。

たとえば、前述の高齢者向けの健康食宅配サービスやハウスクリーニングといった、介護や家事のサービスが挙げられます。

また、21世紀産業といわれるＩＴやエネルギー、健康、環境、育児、葬儀、海外進出事業などの分野も、今後成長が見込めるのではないかと思います。

飲食業界については、かなり出尽くした感があります。しかし、お好み焼きのように関西にはたくさんあるのに関東にはほとんどなかった業態や、讃岐うどんのような地方発の業態などを首都圏で展開する方法には、まだ伸びる余地があるでしょう。

ちなみに、当社の場合は出店エリアを東京・神奈川・埼玉・千葉の1都3県に限定し、ファミリーレストラン「道とん堀」、居酒屋「串陣」、リラクゼーション「ＫＯＲＩＦＲＥＳＨ」の3業種で展開しています。

なぜ、この3業種を選んだかというと、それぞれ**違ったマーケット**だからです。ファミリーレストランは主婦・ファミリー層のマーケット、居酒屋はサラリーマン・ＯＬのマーケット、リラクゼーションは個人（おひとりさま）のマーケットという具合に、ターゲットが異なるのです。

この3つの違ったマーケットを押さえておくことで、**リスクヘッジ**ができると考えたのです。

景気が悪くなると、最初に売上が下がるのが居酒屋。サラリーマン・OLの小遣いが減るからです。次がファミリーレストラン。家族で外食する回数が減るからです。

そして最後が一人客マーケットのリラクゼーションですが、じつはこちらはあまり景気に左右されないのです。

このような視点からの業種選びも知っておくといいでしょう。

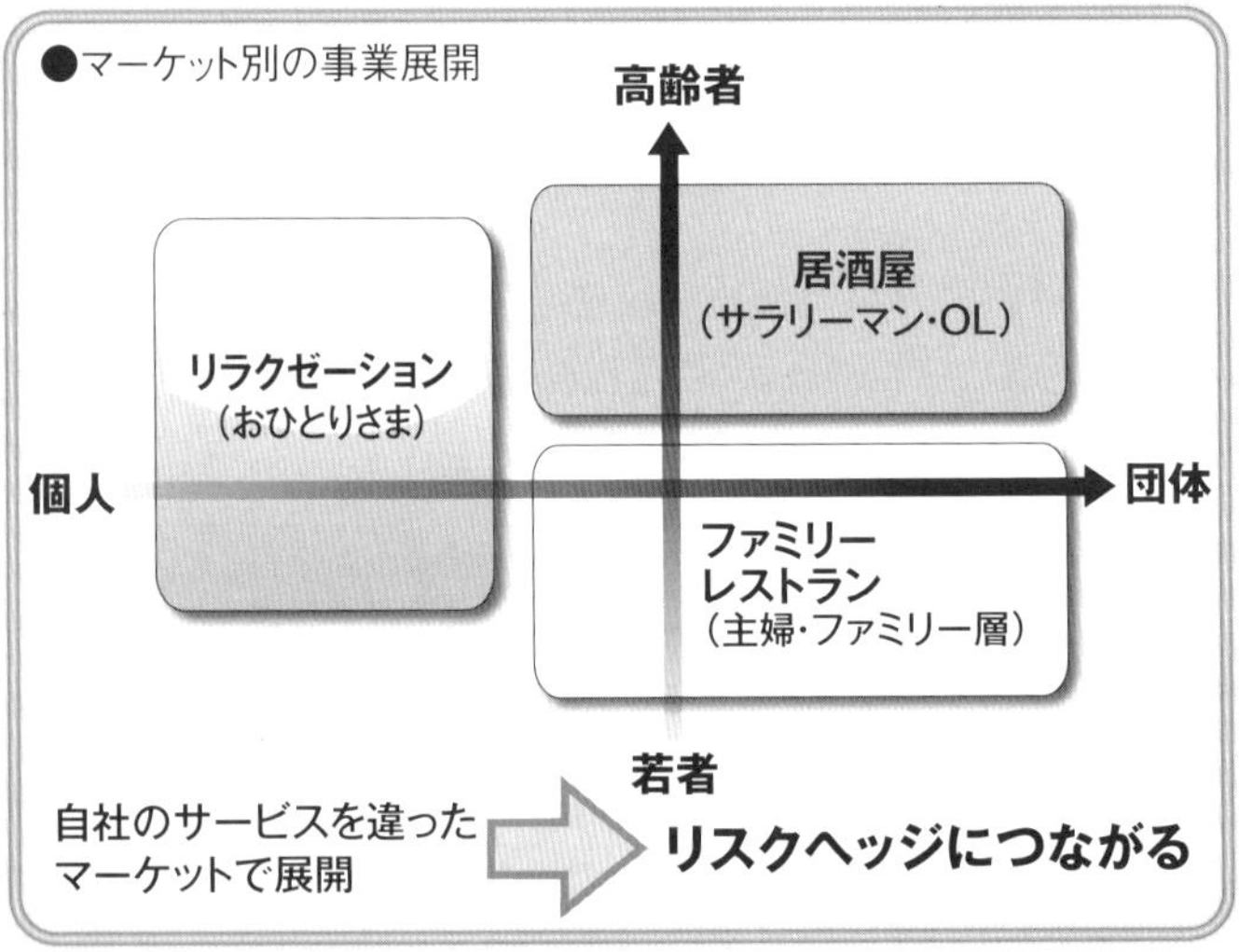

②10年以上続きそうな業界か？

昔はよかったけれど今はニーズがなくなりつつある業界や、今はいいけれども10年後には消えていそうな業界。このようなところは避けたほうが無難です。

どんなに時代が変化しようとも、**必ずニーズがあって、人々の生活に密着した業種・業態を選ぶ**ようにしましょう。

ただ、これなら絶対10年以上続く、といえるような基準は、残念ながらありません。時代の流れや店の勢い、さらには自分の感覚といったものから判断するしかないのです。

地域によっては、ある一定の業種の店舗がない場合があります。発想を少し変えて、そういうジャンルを探すのも1つの方法です。

たとえば、1回1000円程度で髪を切ってくれる床屋。今ではどこの街にもたくさんありますが、私の住んでいる六本木にはありません。おそらく六本木に住んでいるような人たちは安い床屋には行かないだろうという考えがあるからこそ、どこも出店していないのだと思います。

しかし、じつは六本木という街には、働きに来ているサラリーマンがたくさんいます。そういう人たちが仕事帰りなどに立ち寄るのではないか？　と考えることもできます。

想像力をフルに発揮して、穴場がないか探してみるのもいいでしょう。

③今あるものの中で、新しい形で進んでいる事業体はないか？

たとえば昔、寿司屋といえば「高い」イメージがありました。しかし、回転寿司が登場したことで「1皿100円」などと安価になり、お客さんも増えました。イタリアンでも同様です。ワンコイン、500円程度の低価格のイタリアンレストランが人気です。さらに、セルフや宅配などといったスタイルがあるところもあります。

これらのサービスは、はじまった当時にはとても驚かれました。とはいえ今、回転寿司を知らない人はまずいないでしょう。ありふれたサービスに見えるかもしれません。

しかし、じつは**この感覚こそが大切**なのです。現在、回転寿司がここまで市民権を得ているのは、この事業が10年、20年と続く力を秘めていた、ということを何より表しているからです。

新しいことをして、同業他社と差別化をはかっているところはぜひチェックしましょう。その新しいことが、10年、20年と続くかもしれないからです。

④自分の得意分野のフランチャイズはないか？

フランチャイズには成功パッケージが用意されているとはいえ、まったく初めての業界よりは、ある程度知っている業界のほうが成功するといえるでしょう。

たとえば、現在、飲食業界に身を置いているのであれば飲食業、小売業界に従事しているのであれば小売業のフランチャイズを選ぶということです。

単に「伸びそうな業界だから」とか「儲かりそうだから」という理由だけで選んでは失敗する可能性があります。

⑤今まで生きてきた中で、自分が気に入ったお店はなかったか？

学生時代に学校の近くの牛丼屋に通い詰めたり、社会人になってから自宅の近くのカラオケスナックによく行くようになったりしたことはありませんか。このようなお店は、自分が一人の顧客として通ったわけですから、ニーズがあったということです。

学校や実家の近くに昔からあって、今もなお続いているお店というのは、その市場にマッチしているということです。**一人の消費者としての自分の感覚**を信じて業種を選んでみるのもいいと思います。

3 加盟までの流れと各ステップのポイント

加盟する業種・業態を絞り込んだら、次はどのフランチャイズ本部にするかを決めることになります。

この時点でまだ業種・業態が絞り込めていない人は、フランチャイズ関連の書籍や雑誌、インターネットなどで情報を収集・分析し、2～3種まで絞り込んでください。

どうしても絞り込めない場合は、次に紹介する第1ステップの「資料請求」をしてから絞り込みを行ってもいいでしょう。

次ページに、あなたがフランチャイズ本部と契約し、開店するまでの流れを記しました。

つい契約のことばかり考えてしまう方もいるかもしれませんが、フランチャイズ・ビジネスは契約すれば終わり、ではありません。むしろ**契約後、自分の店を開いて商売を続けていくことが大切**なのです。

そうなるまでの道すじを、ここで大まかに見ておくことにしましょう。

●フランチャイズ開店までの大まかな流れ

①資料請求

最初のステップは、興味・関心のあるフランチャイズ本部の資料集めです。

業種にもよりますが、できれば**自分が気になるフランチャイズ本部の資料を10社以上集めたい**ところです。最近はホームページから資料請求できる会社がほとんどですので、少しでも魅力を感じたらどんどん資料請求しましょう。

この時点でまだ業種・業態が絞り込めていない場合は、とりあえず興味を持ったところはすべて資料請求してみてください。また、年に数回、フランチャイズ本部が一堂に会するイベントが開催されていますので、足を運んで一気に数十社単位で資料を集めてみるのもいいでしょう。このような**イベントに出展**

●主なフランチャイズイベント

イベント名	URL	概　要
フランチャイズ・ショー	http://www.shopbiz.jp/fc/	フランチャイズビジネスの展示会。2011年3月、東京ビッグサイトで開催されたショーには約157社が出展した。年1回開催。
フランチャイズ&起業・独立フェア	http://www.fc-hikaku.net/fair2010_11.php	フードビジネスから小売業、サービス業まで多彩な業種のフランチャイズ本部が出展するイベント。2010年11月、東京・池袋で開催されたフェアには約60社が出展した。年1回開催。
フランチャイズ・独立開業支援展	http://www.fcfair.jp/	居酒屋産業展、飲食店開業支援展などと同時開催されるイベント。2010年8月、東京ビッグサイトで開催された展示会には、655社が出展した。年1回開催。
関西フランチャイズEXPO	http://www.fcfair.jp/osaka/	上記「フランチャイズ・独立開業支援展」の関西版。「関西うどん・そば産業展」「関西ラーメン産業展」などと同時開催される。

している本部は、成長期のところが多いので、有力です。

間違ってもネームバリューなどから判断して、1社に決め打ちしないこと。なぜなら、何社かの条件を比較・検討することで初めて、いい点や悪い点がわかってくるからです。

②説明会・相談会

資料を読んで気になった本部があったら、説明会や相談会に参加してみましょう。

実際に話を聞くことで、**資料ではわからない雰囲気**を感じることができます。資料はすごく豪華なのに本部は意外と地味だったり、社長挨拶にはすごく熱い思いが書かれていたのに実際に話を聞いてみるとそれほど情熱が感じられなかったりというケースもあります。もちろん、資料どおりのこともあるでしょう。まずはそうした雰囲気を感じてみてください。資料を読んでの疑問点・不明点は、このときに質問してみるといいでしょう。

説明会では、いい話ばかりをする傾向にあります。売上シミュレーションにしても、いい数字しか出してきません。したがって、話を聞いているうちに、加盟したくなることもあると思いますが、**くれぐれもその場で即決しないようにしてください。**

また、以下のような点もチェックしておくといいでしょう。

一見あまり関係なさそうですが、**こういった細部にこそ本部の本質が表れるものなのです**。きちんとした本部であれば、このあたりの気配りはできて当然です。逆にこれすらできていない本部は問題だといえるでしょう。

③面談

説明会でさらに自分の興味を引かれる本部がでてきたら、面談をしてみましょう。

面談の相手は社長が理想ですが、無理なら役員クラスの人との面談を希望しましょう。なぜなら、**そのブランドが伸びるかどうかは、トップの能力にかかっている**といっても過言ではないからです。「トップの人柄はどうか？」「理念に共感できるか？」「何を目指しているのか？」といったことを直接確認しましょう。この部分でズレがあると、うまくいかな

●説明会・相談会のチェックポイント

- □受付の会場はきれいかどうか?
- □受付の対応は?
- □トイレは汚れていないか?

いことが多いのです。

また、面談の際、次のようなことも質問しておくといいと思います。

●面談のチェックポイント

- □ 直営店と加盟店の実績データ
- □ 加盟店の中で上位30%のお店と下位30%のお店の実績データ
- □ 売上シミュレーションの中の「その他」という項目の内訳
- □ 今後の出店計画（ドミナント戦略〈→P156〉については、特に詳しく聞いておくこと）
- □ 加盟店の1年以内、3年以内、5年以内の廃業率
- □ 加盟店オーナーの年収
- □ 初期費用回収までの期間
- □ 毎月かかる経費とその内訳
- □ 本部のサポート体制
- □ スーパーバイザーの訪問回数
- □ 他のオーナーとのつながりやオーナー会議の有無
- □ 加盟してからオープンまでの期間（平均3〜6ヶ月）

④加盟店の見学

トップとの面談も済ませ、契約へと心が動きかけているころかもしれません。しかし自分が手にする実際の店舗、加盟店がどんなものなのか、確認してみることも重要です。確かに見学しなくても契約することはできますし、実際にそうしてしまうオーナーもたまにいます。しかし私は、**店舗見学**を必ず行うことをお勧めします。

お客さんの立場で店に入り、実際に食べたりサービスを受けたりしてみて、これからも伸びていきそうかどうかを自分の目で確かめましょう。

自分が食べてみてあまり美味しくなかったり、サービスが良くなかったりした場合は、加盟するのをやめたほうがいいでしょう。決して安くない買い物をするわけです。自分が気に入らないものを提供する店は持たないほうがいいでしょう。

さらに、本部に頼んで何人かのオーナーを紹介してもらい、実際にオーナーに会って話を聞くことも重要です。できれば、複数のオーナーに会って話を聞くのが理想です。単刀直入に聞いてみましょう。

ちなみに、たいていの本部はお願いすればオーナーを紹介してくれます。逆に、**オーナーを紹介してくれないところは、要注意**といえるでしょう。何か契約前のあなたにはいえない（見せたくない）ことがあるのかもしれません。

オーナーには以下のようなことを聞いてみましょう。

⑤契約書のチェック

実際の店舗も問題なしとなれば、いよいよ契約に向けて動き出します。まず行うのが加盟契約書や物件契約書のチェックです。

ここでは、加盟店側に不利な契約になっていないかどうかを確認しましょう。**弁護士や税理士などにチェックしてもらうくらいの慎重さが必要です。**納得のいかないところはとことん質問して、すべて納得してから契約書にサインをするようにしましょう。

特に、次ページに挙げた項目については必ずチェックしておきましょう。これらの項目がどちらになるかで、オーナーの負担が変わるからです。

●加盟店見学のチェックポイント

- □加盟前のイメージとギャップはなかったか?
- □売上シミュレーションどおりに売上があがっているか?
- □このフランチャイズの将来性をどう見ているのか?

⑥契約締結

契約内容の確認が済んで問題がなければ、契約書にサインします。これで契約が締結されたことになります。契約が済んだら、加盟金などを本部に支払います。

開業資金を銀行から借りる場合は、事業計画書を作成し、融資の申し込みをします。事業計画書については、本部の担当者に聞けば教えてくれます。

店舗については、すでに完成しているケースもありますが、通常は完成まで3ヶ月から半年くらいかかります。

⑦本部の研修の受講

店舗が完成するまでの間に、本部から「何をいつまでにやるのか」が書かれた**工程表**が提示

●契約書のチェックポイント

- □店舗の火災保険の保険料はどちらが負担するのか?
- □更新料は発生するのか?
- □家賃はあがるのか?
- □保証金は償却されてしまうのか?

されますので、今後はそれにしたがって準備を進めていくことになります。

ほとんどの工程表にあるのが、本部の研修の受講です。これは、そのチェーンの加盟店として、店舗を運営していくために必要な知識や技術などを習得するためのものです。

その業種・業態の経験がない人でも、この**研修を受講することで必要な知識と技術がマスターできるようになっています**。この研修は非常に重要ですので、本部のノウハウを盗むくらいの気持ちで受講しましょう。

⑧従業員の募集・採用・研修

従業員の募集・採用についても、工程表に「いつまでに何人集めなければいけないのか」が書かれていますので、それにしたがって募集をしていきます。募集の方法については、本部の担当者が教えてくれますので、初めての人でも大丈夫です。

面接は、基本的にオーナーが行います。すでに店長が決定している場合は、オーナーと店長の二人で行います。

ただ、初めての場合、どういう人がこの業界に向いているのかわからないと思いますので、どういうタイプの人を採用すればいいのか、事前にスーパーバイザーに相談しておくといいでしょう。場合によっては面接に同席してくれることもあります。

従業員の研修については、店舗の完成後に本部の研修担当者と一緒に店舗で行うケースがほとんどです。

⑨開店準備

店舗が完成したら、必要な備品や什器、商品などを搬入し、お客さんを迎えられる状態にセットアップしていきます。飲食店の場合は、原材料などを仕入れ、前日には仕込みを行います。

オープンチラシなどの広告宣伝については、工程表に基づいて本部の企画部と相談しながら準備をしておきます。

⑩開店

いよいよオープン。万全の体制でお客さんをお迎えしましょう。

初めてのお客さんは、**神様**に見えるものです。私の場合は、若いカップルのお客さんでした。**今でもそのお客さんの顔は、鮮明に覚えています。**

以上が、開店までの大まかな流れと注意点です。

最後に、**こういう本部はやめておいたほうがいい**というチェックポイントを挙げておきますので、参考にしてください。

●こういう本部はやめておいたほうがいい

□加盟を急がせる

→何らかの理由で加盟を躊躇する人が多いということ

□しつこく勧誘してくる

→加盟したい人が少ないということ

□いい話しかしない

→悪い話を隠している可能性があるということ

□オーナーを紹介してくれない

→紹介できない事情があるということ

□下位 30%の加盟店のデータを見せてくれない

→赤字の店舗があるということ

□1店舗だけのオーナーばかりで、多店舗展開しているオーナーがいない

→あまり儲からない可能性があるということ

4

開業資金の目安を知っておこう

最後に、開業資金の話をしておきたいと思います。

私が最初に道とん堀のフランチャイズで独立開業したときは、自己資金を500万円貯めました。そのほかに社長から1000万円、父親から1200万円を借りて、合計2700万円の資金を集めました。

開業資金のすべてを銀行から借りることもできるのですが、**できれば300〜500万円の自己資金を貯めてから**独立したほうがいいでしょう。なぜなら、これくらいのお金を貯めた経験がなければ、独立してからも結局浪費してしまい、残らなくなる可能性が高いからです。

では、具体的には、何にどれだけかかるのでしょうか。

かなり幅はありますが、大まかな目安をご紹介しておきましょう。

①加盟金

フランチャイズ本部に加盟する際、本部に支払うお金です。

一般的には、商標などのマークや本部が開示するノウハウの使用許諾の対価として徴収する本部が多いです。本部によっては、立地調査料や研修指導料、宣伝企画料などを含んでいるところもあります。

加盟金はだいたい100万円から1000万円くらいで、道とん堀の場合は300万円となっています。

ブランド力に自信のある本部や歴史のある本部ほど、加盟金が高くなる傾向にあります。ですので、加盟金は安いからいい、というものではないのです。

なお、開店した後、何らかの理由で契約を解除したとしても、加盟金が返金されるケースはほとんどありません。

②店舗保証金

店舗物件を借りる際に、貸主に支払うお金です。

賃貸借契約が終了し、物件の明け渡しが終われば戻ってくるのですが、契約内容によっては償却されてしまうこともありますので注意が必要です。

特に、契約が現状戻し、スケルトン（骨組みだけの状態）戻し、更地戻しの場合は、その費用が保証金から引かれることもあります。

ちなみに、保証金は物件にもよりますが、だいたい１００万円から２０００万円。家賃の1～10ヶ月分が相場です。

③施工・内装関係費

店舗を建設したり、リフォームしたりする費用です。

店舗の規模や工事の内容にもよりますが、だいたい１００万円から５０００万円くらい必要でしょう。

なお、内部の設備や什器備品などを設置したままの状態で売買・賃貸される**居抜き物件**の場合は、この費用が少なくてすみます。実際、居抜き物件をメインに出店し、出店コストを抑えているフランチャイズチェーンもあります。

また、新築をメインに出店している本部でも、出店コストを抑えたいということで相談すれば、居抜き物件を探してくれるケースもあります。

さらに、不動産屋に聞いて自分で居抜き物件を探してきて、その物件での出店を本部に掛け合うことも可能です。

④備品・調理器具

椅子やテーブルなどの備品や厨房で必要な調理器具にかかる費用です。

こちらは業態にもよりますが、だいたい10万円から１０００万円くらい必要です。

⑤求人・研修費

社員やパート、アルバイトを募集するのにかかる求人費と、研修にかかる費用です。

スタッフの人数によって変わりますが、だいたい10万円から１００万円くらいは必要でしょう。

⑥開店時の広告宣伝費

オープン時の集客用のチラシや広告などにかかる費用です。

こちらはだいたい10万円から50万円くらい見ておく必要があります。

開業時にかかる費用は、だいたいこのくらいです。

どのフランチャイズ本部でも、だいたいの**開業資金の目安**を出していますので、具体的な金額は資料等で確認してください。

また、開業してから毎月かかる費用として、本部に支払う**ロイヤリティ**があります。これはフランチャイズ特有のものです。

ロイヤリティというのは、商標の使用や営業指導などの見返りとして、加盟店が本部に毎月支払う対価のことです。一般的には売上の３～５％を支払います。これを**売上歩合方式**といいます。

ただし、本部によっては、粗利の何％という**粗利分配方式**のところや、売上や利益に関係なく毎月定額を支払う定額方式のところもありますので、しっかりと確認しておきましょう。ちなみに、**定額方式**の場合、売上や利益が下がると、ロイヤリティが重くのしかかってくることになります。

また、ロイヤリティ以外にも毎月、システム費や広告宣伝費、包装資材費、クレンリネス費などを本部に支払わなければいけないところもあります。これらは加盟する本部によって異なります。

●粗利率60%の飲食店のロイヤリティ

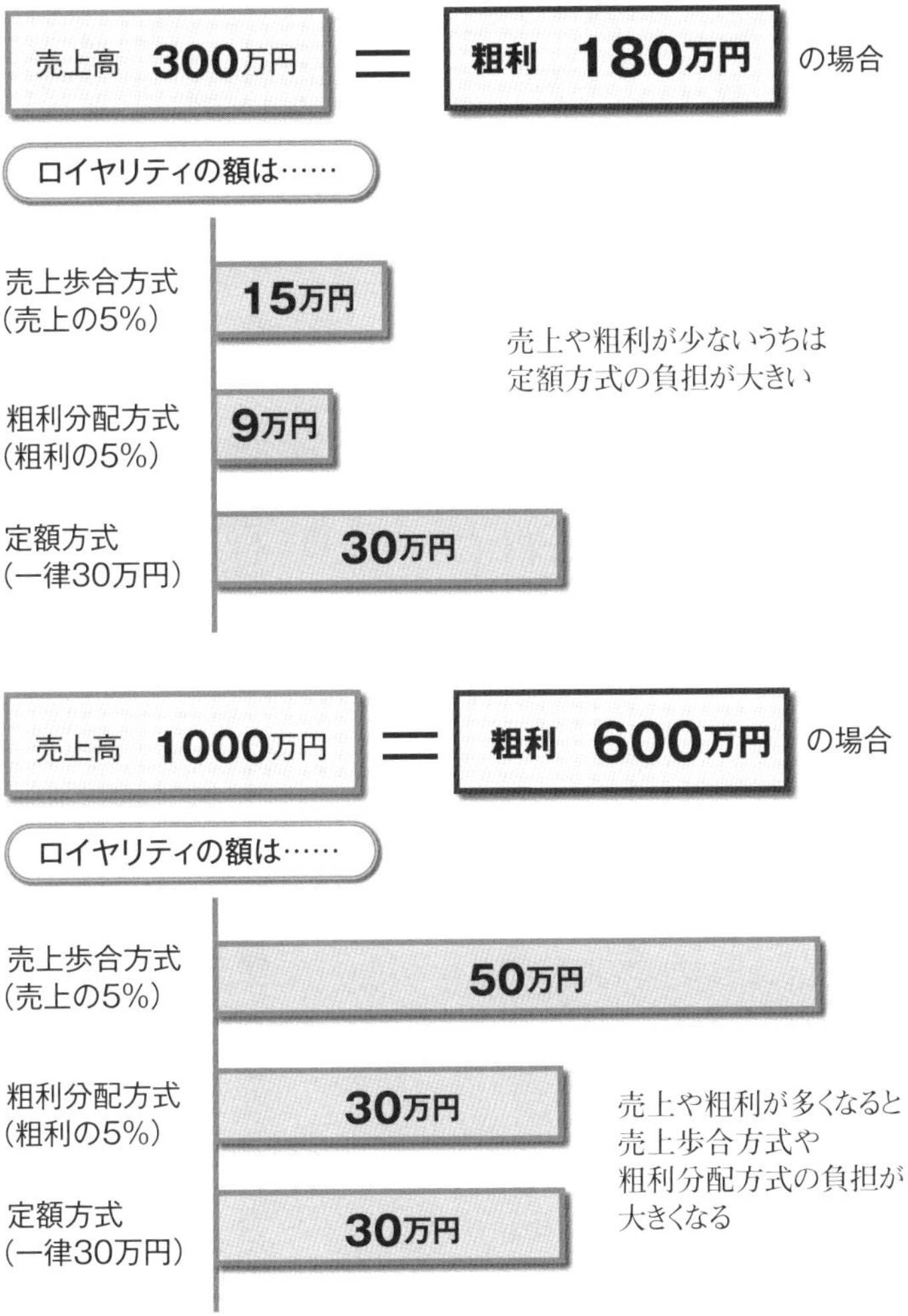

※ロイヤリティの割合・金額は一例です。

◆独立・起業成功法則　その23

業種を選ぶ際は、「これからの世の中、どんなお店が必要か？」という視点で選ぶべし！

◆独立・起業成功法則　その24

介護、家事代行、健康、IT、エネルギー、環境、育児、葬式などの分野が、今後の狙い目！

◆独立・起業成功法則　その25

飲食業界では、地方発のブランドに成長の余地あり！

◆独立・起業成功法則　その26

必ずニーズがあって、10年以上続きそうな地域に密着した業種・業態を探せ！

◆独立・起業成功法則　その27

10年以上続きそうなエリアと業態を探すべし！

◆独立・起業成功法則　その28
新しいスタイルの事業体をチェックせよ！

◆独立・起業成功法則　その29
自分の得意な業界のフランチャイズのほうが成功確率が高くなる！

◆独立・起業成功法則　その30
自分が生きてきた中で気に入ったお店、昔からあるお店もチェックすべし！

◆独立・起業成功法則　その31
最初から1社に決め打ちせず、気になったFC本部の資料を10社以上集めよ！

◆独立・起業成功法則　その32
説明会では、即決するな！

◆独立・起業成功法則 その33

トップの理念に共感できるFC本部を選ぶべし！

◆独立・起業成功法則 その34

売上下位の加盟店の実績データを見せてくれないFC本部は要注意！

◆独立・起業成功法則 その35

売上シミュレーションの中の「その他」という項目の内訳まで、しっかり確認せよ！

◆独立・起業成功法則 その36

契約前に、必ず複数の加盟店オーナーに会って実態を聞き出せ！

◆独立・起業成功法則 その37

契約書は弁護士に見てもらうなどして、細かなところまでチェックせよ！

◆独立・起業成功法則　その38
契約を急がせたり、しつこく勧誘したりしてくるFC本部はやめるべし！

◆独立・起業成功法則　その39
できれば３００～５００万円の自己資金を準備してから独立せよ！

◆独立・起業成功法則　その40
居抜き物件を借りれば、初期費用を安く抑えられる！

◆独立・起業成功法則　その41
定額方式のロイヤリティは、売上が下がると重くのしかかることを心得ておくべし！

◆独立・起業成功法則　その42
ロイヤリティ以外に毎月かかる経費を、事前に確認しておくべし！

なるほどコラム2

個人で契約？　法人で契約？

これからはじめる事業を検討する際、「個人で行うのか、法人で行うのか」ということがしばしば問題になります。そのどちらにも、メリット・デメリットがあります。

個人ならば、開業するまでにお金や時間がかかりません。税務署に届出をするだけですぐに個人事業主になることができます。また、所得にかかる税金は累進課税となるので、課税所得が一定額未満ならば法人よりも税率が低くなります。一方、法人に比べて社会的な信用度が低い、融資も受けにくい、という欠点があります。

法人ならばその点、信用度も高く、融資も受けやすくなります。また、所得にかかる税金は法人税で、課税所得が一定以上ならば個人よりも税率が低くなります。また、税制上の優遇が受けやすいのも法人のメリットです。そのかわり、会社設立の登記には手間がかかりますし、資本金や各種費用も必要になります。

ちなみに、フランチャイズ本部の中には、加盟条件を「法人限定」にしているところがあります。初期費用が高額だったり、開業当初は収益が見込めなかったりすることから、より信用力や体力のある法人に限っているのが一般的なようです。これらの本部に加盟したいからと法人を立ち上げても、本部は過去の実績などから加盟の可否を判断するため、ほとんどの場合、すぐに加盟することはできません。

第4章

長く続けるための店舗運営のコツ

――「約70%」に入るには

1

お客様のことを第一に考え、現場に足を運べ！

前章では、フランチャイズの選び方のポイントから開業までの流れについてご説明しました。本章では実際に独立開業した後、長く続けていくためのノウハウをお話ししておきたいと思います。

独立開業は、お店のオープンがゴールではなく、そこからが実質的なスタートとなります。オープンしてからが本当の勝負なのです。たとえ有名なフランチャイズに加盟したとしても、あるいは勢いのあるフランチャイズに加盟したとしても、その後の運営および経営の仕方が悪ければ、潰れてしまうことだって十分ありえます。

何度もいうように、個人商店に比べればフランチャイズのほうが成功する確率は高いのですが、それでも安泰とはいえません。5年生存率は約70％です。裏を返せば残り30％の人は5年持たずに廃業しているわけです。あなたにはぜひとも70％のほうに入ってもらいたいと思っています。そのために必要なポイントをいくつかお話ししておきましょう。

●フランチャイズでも廃業する人はいる

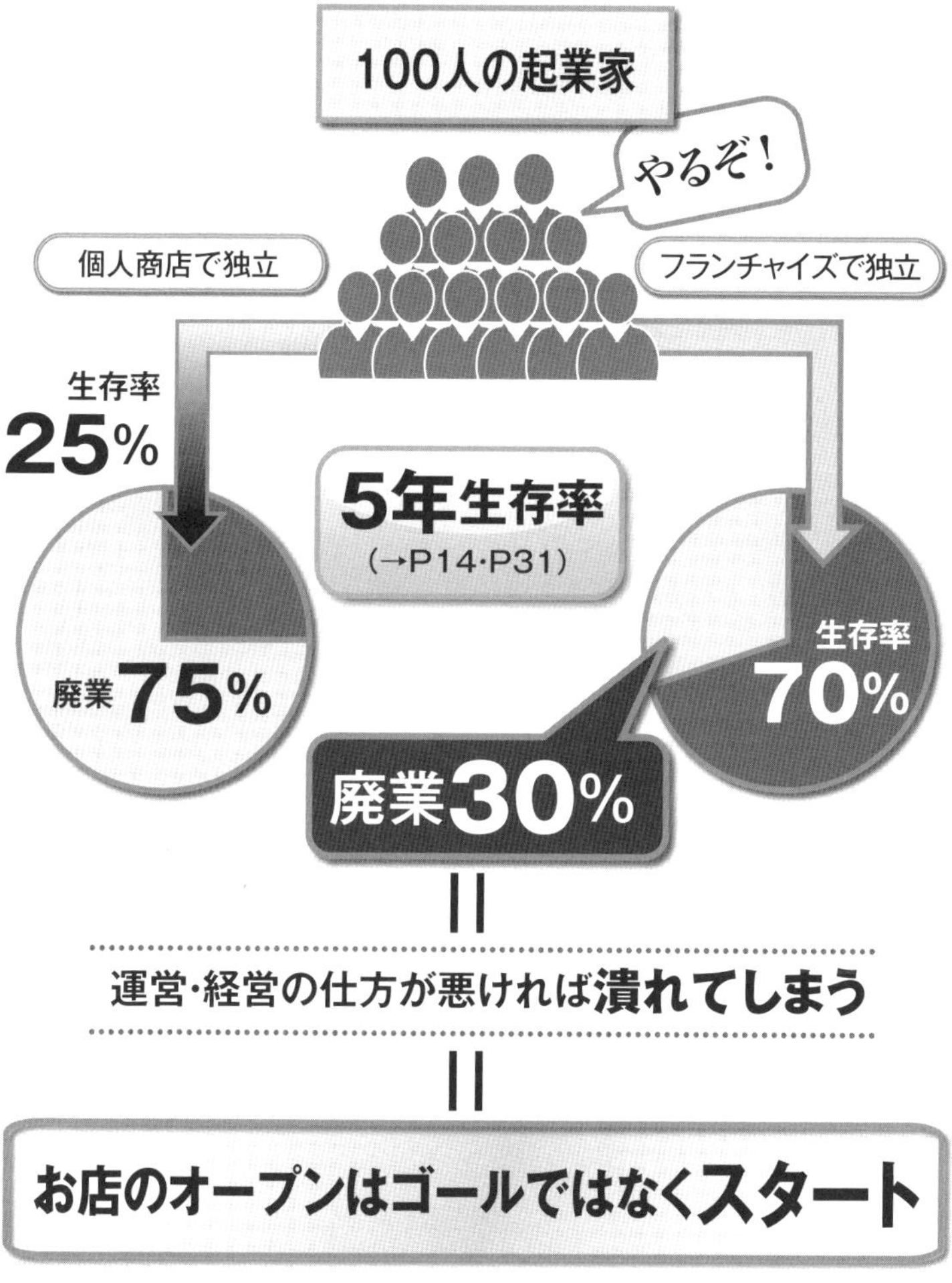

一つ目のポイントは、**お客様のことを第一に考え、現場に足を運ぶこと**です。これは基本中の基本。私自身、これをせずに本部の手伝いと称して遊びまわっていたために、お店を潰しかけたことがあります（↓P170）。ですので、これは必ず実行してほしいと思います。

店長という立場になると、どうしても「どうしたらお店が儲かるか？」「どうしたらコストを下げられるか？」といったことに目が行ってしまい、お客さんの立場で考えることを忘れてしまいがちです。オーナー店長としてお店に立つ場合も、別に店長を置いた場合も同様です。お客様視点を忘れてしまうと、お客さんにとって居心地の悪いお店になり、次第にお客さんが離れていくことになります。

したがって、常に**お客様視点**を意識することが大切です。オーナーに専念する場合でも、定期的にお店を訪問し、お客様視点でお店をチェックするようにしましょう。

たまには、事前に伝えることなく、お客さんとしてお店に行ってみてもいいでしょう。実際、私もお店のスタッフに気付かれないように、サングラスとマスクをして抜き打ちチェックに行ったこともありますし、仲のいいオーナーと相談して、お互いの店をチェックしに行ったこともあります。

ランチタイムなどのピーク時、暇な時間帯、店長が休みのときなどに訪問してみると、お店の実態がよく見えますので、そういうときを狙っていってみるといいでしょう。

私が見に行った店舗のほとんどはきちんとやっていました。しかし、一部できていない店舗もあったのです。ピーク時になかなか料理が出てこなかったり、暇な時間帯や店長が休みのときにアルバイトがサボっていたりすることがあったのです。

そういう店舗に対しては、その場で指導するのではなく、翌日すぐに店長に連絡して、改善するよう指示を出しています。実際に店舗に足を運んでみて初めてわかることも多いので、できれば定期的にチェックに行くようにしましょう。

また、このような抜き打ちチェックを行ってくれる**シークレットサービス**もありますので、利用してみるのもいいと思います。

2 従業員のことも真剣に考えろ！

お店の運営は、従業員がいて初めて成り立つものです。ところが、そのことを忘れて、気に入らないスタッフを怒鳴りつけたり、簡単にクビにしたりするオーナーがいます。

恥ずかしながら、じつは私にもそういう時期がありました。

しかし、それでは従業員のモチベーションが上がりません。**モチベーションが上がらなければ、お客さんに対していいサービスが提供できない**ので、売上も伸びなくなってしまいます。したがって、人を使う場合は、従業員のやりがいや幸せについても真剣に考えるようにしましょう。

私がまだ2～3店舗のオーナーだったときは、スタッフの本音を聞くために、よくお店が終わってから飲みに行っていたものです。

最近は、規模が大きくなったので、パートやアルバイトの人たちと飲みに行くことはほとんどなくなりましたが、年に何回かは総会やスポーツ大会を開催したりして、スタッフたちとのコミュニケーションを図るようにしています。

ただ、**真剣に考えることと、甘やかすことは違います**。和を乱す人やこちらの指示に従わない自分勝手な人には厳しい態度で臨む必要があります。

特に、自分のいいたいことだけをいう人や、あまりに目指す方向や価値観の違う人には、辞めて違うところで働いたほうが本人のためにもなるとの考えから、辞めてもらうようにしています。

「従業員満足」イコール「顧客満足」です。この2つは**自転車の両輪**のように連動していますので、従業員が働きやすいように、福利厚生や待遇、会社の雰囲気などをよくすることも真剣に考えましょう。

●従業員満足＝顧客満足

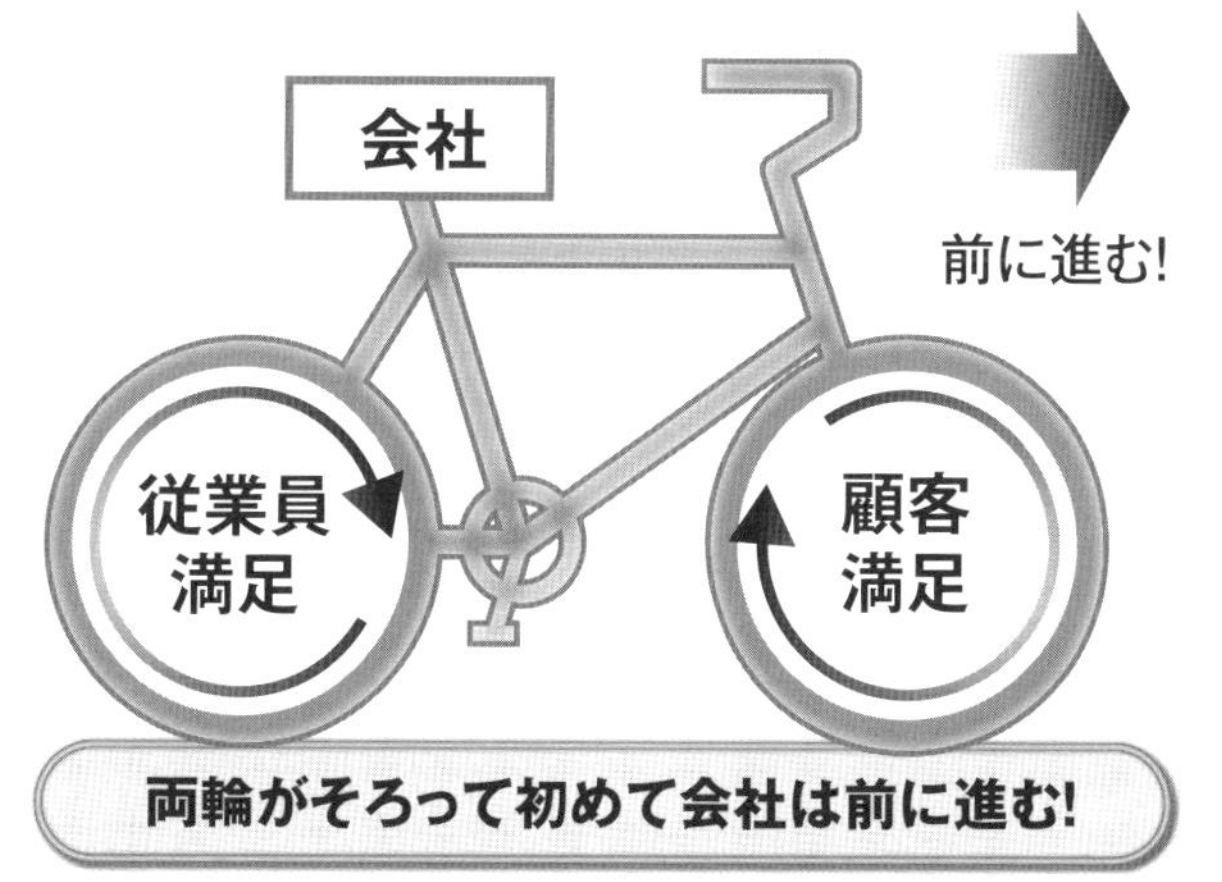

3

店舗ミーティングは必ず実施し、従業員の話をよく聞け！

店舗ミーティングは必ず実施したほうがいいと思います。

ただし、こちら側からの一方的な指示、命令のミーティングではなく、**スタッフたちからの意見や要望を吸い上げるミーティング**にすることが重要です。

以前の私は、こちらの指示命令を一方的に伝えるだけの業務連絡的なミーティングが多かったのですが、**コーチング**を学んでから変わりました。

コーチングというのは、質問型のコミュニケーションを使うことによって、相手に取るべき行動を自ら選択してもらう手法のことです。それまで私は、どちらかというと自分が喋ってしまうほうでした。よくスタッフたちにミーティングの場で自分の考えを押し付けたりしていたのです。

しかし、コーチングを学んでからは、できるだけ自分は喋らずに、スタッフたちの意見を聞いたり、スタッフ自身に考えさせたりするようにしています。

このスタイルに変えてから、スタッフたちからいろんなアイデアがたくさん出てくるようになりました。

たとえば、店舗運営について、「こうしたらお客さんに喜ばれるのではないか?」「こうしたらもっと売上が上がるのではないか?」といった意見がどんどん出てくるようになったのです。

最近行ったスポーツ大会や人事評価制度の見直しも、スタッフから出た意見がきっかけで実現したものです。

指示命令だけのミーティングのときは、みんな私の顔色をうかがっていましたが、このスタイルに変えてからは、積極的にアイデアを出してくれるようになりました。

したがって、あなたも独立したら、指示命令だけのミーティングではなく、従業員に話させるミーティングをするといいでしょう。

本当の顧客満足は現場にあります。**現場で働いている人たちの意見を、どれだけ「お客様の声」として聞けるかがいいお店作りの基本です。**パート・アルバイトの意見は、「お客様の声」と思ってしっかりと耳を傾けるようにしましょう。

4

車内やロッカーが汚い人は店長にするな！

オーナー店長として自分が現場に立つ場合は問題ないのですが、店長を置く場合はその人選を慎重に行う必要があります。なぜなら、たとえフランチャイズといえども、お店が繁盛するかどうかは店長の力量にかかっているといっても過言ではないからです。

では、どんな人を店長にすればいいのでしょうか。もちろん、人柄や能力など欲をいえばキリがありません。ただ、私の場合は、**自分の車の中やロッカーの中が汚い人は店長にしない**という基準を設けています。なぜかというと、そうした人を店長にしてしまうと、お店全体が汚くなってしまうからです。

特に、飲食店の場合は、店が汚いことは致命傷になってしまいますので、絶対に避けなければいけません。たとえ性格がよくて、リーダーシップがあったとしても、この基準をクリアできていない人は店長にしてはいけないと考えています。自分を管理できない人に、店やパート・アルバイトを管理することはできないからです。

もしあなたが店長を置くのであれば、私のように**「こういう人は店長にしない」という基準を設けておいて、あとはその基準をクリアした人を店長に育てていく**という感覚でいたほうがいいでしょう。

●昇格を判断する基準

1 半年～2年ぐらいしっかり社員・副店長として基礎を学んだか？
2 店舗の掃除等のマネジメントがしっかり維持・管理できているか？
3 パート・アルバイトの人材育成がしっかりできるようになったか？
4 売り上げを上げる方法を思案することができるか？
5 F/Lコストのコントロールがうまくできているか？
6 販管費の細かい管理ができるようになったか？
7 その店長がいることで地域のお客さんとコミュニケーションが取れるか？
8 パート・アルバイトから慕われて人気があるか？
9 ライフスタイルを自分で管理できているか？（車がきれいか？）
10 健全な価値観を持っているか？

5

本部とのコミュニケーションを怠るな！

フランチャイズに加盟して独立開業した後は、日頃から本部との付き合いを密にしておくことが重要です。

ひと口に本部といっても、いろんな部署があるわけですが、私の経験からして密にコミュニケーションを取っておいたほうがいいのは、**社長とスーパーバイザーと店舗開発と研修部の人たちです**。

社長は本部のトップですから、仲良くなっておけば、いろんな相談に乗ってもらえたり、意見や要望を聞いてもらえたりする確率が高くなります。

スーパーバイザーとは、定期的に加盟店を訪問してくる人のことです。本部の方針の伝達・徹底と、加盟店を成功させるためのバックアップが主な仕事です。

したがって、スーパーバイザーと仲良くしておけば、いろいろと情報をくれたり、バックアップしてくれたりしますので、必ずいい関係を築くようにしてください。

店舗開発とは、物件を探したり、大家さんと家賃の交渉をしたりする部署です。

この部署の人と仲良くしておくと、物件の賃貸契約の更新時に家賃の値引き交渉をしてくれたり、2店舗目、3店舗目を出店する際にいい物件を回してくれたりすることがあります。

ただし、店舗開発の人は、スーパーバイザーと違って店舗を訪問してくることはありませんので、**こちらからアプローチしていく必要があります**。

オーナー会や総会、その他本部主催のイベントに行けば会えますので、これらに積極的に参加し、スーパーバイザーに紹介してもらうなどして、関係を築いておくといいでしょう。できれば、定期的に食事をしたり、飲みに行ったりしておくといいですね。多店舗展開を考えている人は、ぜひ実践してください。

最後は、研修部の人です。

本部では、店長研修やパート・アルバイト研修など、さまざまな研修を行っています。

これらの研修をうまく活用することによって、店舗での人材育成の手間を省くことができます。

研修部の人と関係を構築しておくと、最新のトレーニング情報を教えてくれたり、何かと融通を利かせてくれたりします。基本的には店舗を定期訪問してくるわけではありませんので、先ほどの店舗開発の人と同様、各種の会合やイベントの際に、スーパーバイザーに紹介してもらって、顔見知りになっておくようにしましょう。

たまに本部と対立するオーナーがいますが、**本部と対立しても何もいいことはありません**。もちろん、本部に対して建設的な意見をいうことはいいと思いますが、それが聞き入れられなければ反発するというのは、あまり得策とはいえません。本部の協力が得られにくくなってしまうからです。

本部と加盟店は運命共同体ですので、ぜひ本部の人とも密にコミュニケーションを取って良好な関係を築くようにしましょう。

●一般的なフランチャイズ本部の組織図

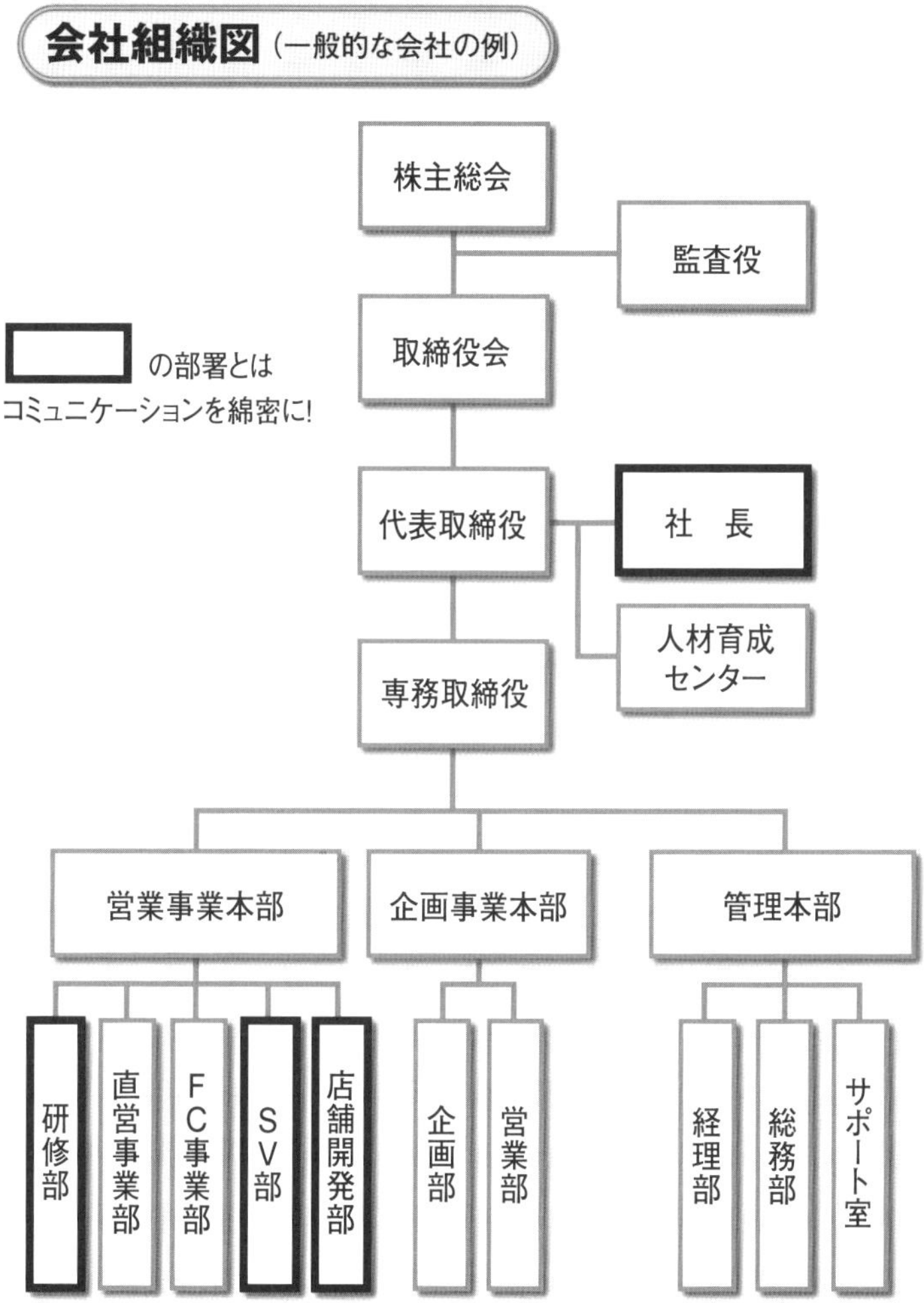

6 創業の精神と経営理念を明確にしろ！

独立開業後、会社を経営していく上で非常に重要なのが、創業の精神と経営理念だと思います。独立開業する前に、「自分はなぜ独立開業したいのか？」「どのような価値観に基づいて会社を経営していきたいのか？」という創業の精神と、「独立して何を実現したいのか？」という経営理念を考え、明文化しておくことをお勧めします。

じつをいうと、私が独立開業したとき、これらのことを考えたことはありませんでした。今思うと、最初からこれらをしっかりと考え、明文化しておけば、会社を潰しそうになることはなかったのではないかと思います。逆にいえば、会社を潰しかけたからこそ、これらの重要性に気付いたともいえるのですが……。

これらを考えることによって、**自分が本当にやりたいことが明確になりますので、フランチャイズ探しの基準にもなると思います**。

ご参考までに、以下に当社の創業の精神と経営理念を載せておきます。

●創業の精神

子供のころ、大家族だった自分は、家族のために果物を切ったりと手先の器用な子供でした。包丁で果物を剥き、家族が美味しそうに楽しく食べてくれる幸せな団欒風景は今でも思い出に残っています。

調理に対して、人の喜ぶ姿に対して、喜びを感じたのはこの頃だったと思います。中学に入り、悪さばかりしていた自分は調理学校に行き、その後仕事の原点になった道とん堀に入社しました。

18歳で店長になり、あるときはじめてゴルフに行き、先輩社長たちに強く憧れを持ちました。白いベンツのオープンカー、金のロレックス……物欲が芽生え始めたのもこの頃だったと思います。

20歳で本部業務に入り、そのころから子供のころに感じた、美味しい、楽しいと、幸せを感じていただける、そんな店を持ちたいと強く思い、夢に日付を入れました。すぐ社長にお願いをしたら、厳しい条件が返ってきました。3年間休みなし、給料なしという条件でした。

何度も何度も諦めようと思いましたが、お客様が本当に美味しそうに楽しそうに幸せを感じていただける自分の店を作りたい。という一念で世の中の大学生が新卒で社会に出る22歳の時、1996年6月14日、東京の国立の地で創業を成し遂げました。

お客様が美味しい楽しいと幸せを感じていただける店を作りたいという想いが創業の精神です。

●**経営理念**……美味しさ創り・人財創り・幸せ創り

『美味しさ創り』とは……安心安全な美味しい商品を提供することに情熱を傾けることです。

『人財創り』とは…………お客様のニーズや感動サービスを創造提供するプロセスの中で、人間性を高めることです。

『幸せ創り』とは…………顧客重視と付加価値の経営に徹し、地域の人に愛される、心地よい(優しい、幸せ)お店を創造することです。

この理念を実践し、お客様の喜ぶ姿が、私達の喜びです。

経営理念は経営の拠り所です。

従業員から「どのように経営（運営）するのか？」と聞かれたときに、「このとおりにします」といえるもの。何か問題が起きたときに、判断の基準になるもの。つまり、**経営の原理原則が経営理念**なのです。

この経営理念をいかに従業員に浸透させるかが、経営の勝敗を分けるといっても過言ではありません。

経営理念を作ることも大事ですが、作った経営理念を従業員に浸透させることがもっと重要なのです。

したがって、経営理念を作ったら、従業員に浸透させる努力も行いましょう。

弊社の場合は、経営理念を細部に落とし込んだ経営計画書（次項参照）を作成し、全社員に配布しています。

7

経営計画書を作れ！

創業の精神と経営理念ができたら、経営理念を細部に落とし込んだ経営計画書も同時に作っておくことをお勧めします。

「1店舗や2店舗であれば、経営計画書まで必要ないのでは？」と思う人もいるかもしれませんが、経営計画書は1店舗目から作っておいたほうが絶対にいいです。

なぜなら、経営計画書は先ほどの経営理念を細部に落とし込んだものなので、**行動の指針が明確になる**からです。また、経営計画書を作ることで、自分自身だけでなく、従業員のベクトルも同じ方向に合わせることができるというメリットもあります。さらに、売上や利益の目標を数値化することによって、目標が具体的になり、かつ達成率も管理できるようになります。

ただし、経営計画書を作るのは、そう簡単ではありません。

私自身、最初の経営計画書を作るのに、いろんな研修に出たり、いろんな会社のパンフレットを集めて参考にしたりして、完成までに半年かかりました。現在は、経営計画書の中に各期の各店舗の売上目標を盛り込むようにしたので、1年に1回作り直しを行っています。

さらに、経営計画書を作成するだけでなく、その浸透を図るために、年に2回、7月の総会と1月の新年会を兼ねた決起大会で発表するようにしています。

ここでは、あなたが実際に作る際の参考になるよう、当社の経営計画書の一部をご紹介しておきましょう。

●丸道の使命、経営目的

①私達は、事業を通じて、お客様に美味しさと楽しさと幸せの空間（癒し）を創造し、地域社会の発展に貢献します。

②私達は、健全な経営を心掛け、従業員の幸せと会社の成長繁栄が実現されるよう、共に力を合わせて経営活動を行います。

【経営ビジョン】……より多くの笑顔と幸せのために！

①お客様と従業員の、物心両面の豊かさと幸せの価値を創造します。
②上場基準を満たす、質の高いメガフランチャイジーを目指します。
③より多くのお客様と地域社会の役に立つために会社を成長発展させます。

【営業理念】……ありがとう創造サービス業

①時代のニーズとお客様の立場で考え、マニュアルを超えるできる限りのお客様のリクエストに応え、ホスピタリティーを追求する。
②働く仲間に感謝の気持ちを忘れず、チームワークを大切にし、自分の大切な人（両親、恋人、子供、仲間）と同じようにお客様と接し、より多くのありがとうを集める。

【人事理念】……セクシー&スピリット！

①人間的成長を求め続け心身共に魅力を持つセクシーな人（かっこいい人）
②会社の経営理念と価値観、ビジョンに共有・共感できる、献身的な人
③素直でよい習慣を身に付け、恥ずかしいと思うことはしない真面目な人
④自分の存在価値を明確に持ち、夢に向かって自らを研鑽に努める人
⑤学ぶ姿勢や成果を創ろうとする、情熱を持った意欲的な人

ほかにも、
・会社、従業員に求める態度・物の見方・考え方
・社章の意味、会社のマーク
・社員・従業員に対する期待像
・社長のミッションステートメント
・第○期○○店売上目標
といった項目を、経営計画書の中に盛り込んでいます。

8

社員・従業員教育を怠るな！

会社を経営していく上において、社員・従業員教育も大切です。なぜなら、社員・従業員が育つことが業績アップに直結するからです。

したがって、本部の研修や、研修会社の研修に社員や従業員を参加させたり、自社で研修プログラムを作ったりして、社員・従業員の育成に力を入れるようにしましょう。

ちなみに、当社の店長・従業員は、基本的に「知識」「センス」「人間性」の3つを伸ばすよう育成しています。なかでも、店長については「**人間性**」を重視していて、これにプラスして「**マネジメント能力**」を伸ばす教育も行っています。

当社では現在大きく分けて次の4つの研修を行っています。

①ブランド研修（FC本部）

②ＯＦＦＪＴ（社外研修）

③ＯＪＴ（社内研修）
④事例研究

①のブランド研修とはＦＣ本部が行うものです。店舗を運営するためのマニュアルの徹底や業績向上のための知識教育など、さまざまな研修が用意されています。この研修には、**マネージャーや店長のほか、パートやアルバイトも積極的に参加させています。**

②のＯＦＦＪＴとは、外部の研修会社が行う研修です。内容は経営に関する知識を学ぶ研修や、モチベーションを上げる自己啓発系の研修などが中心です。外部研修ですので当然、費用がかかりますが、「**企業は人なり**」ですので、ここにも社員を積極的に参加させるようにしています。

③のＯＪＴとは、社内で開発した研修プログラムです。私のほかに、外部研修などで学んできた社員たちが講師となって、社員を対象に研修を行っています。

３年前から次のような初級コースと上級コースの２つのプログラムを運用しており、いずれも成果が出ています。

〈初級コース〉

1. マナーとハウスルール
2. 数値管理
3. 管理職とは?
4. 経営理念とプレゼンテーション
5. 人材育成と面談のやり方

〈上級コース〉

1. 計数管理
2. コーチング
3. 特性要因図を使った成功モデル作り
4. 会議のやり方と進め方
5. マーケティングとランチェスター戦略

1つの講座の時間はだいたい4~5時間で、各コースとも1ヶ月に1講座のペースで開催。5ヶ月間で修了するようになっています。

講座ごとに事前課題と事後課題を出していますので、受講者側はけっこうハードですが、修了した社員のレベルは確実に上がっています。

④の事例研究は、店長会議の際に行っています。具体的には、他店の成功事例やお客さんからの意見などを題材にして、毎回テーマを決めて**グループディスカッション**をしています。これをするようになって、いろいろなアイデアが出るようになりましたし、社員の考える力も向上したと思います。

●丸道の社員・従業員教育

研修名	概　要
ブランド研修	FC本部が行う研修 マニュアルの徹底、業績向上のための教育
OFFJT	外部の研修会社が行う研修 経営の知識、自己啓発
OJT	社内の研修プログラム 初級・上級の2つのプログラムを運用
事例研究	社内のグループディスカッション 他店の成功事例などを研究

◆独立・起業成功法則 その43
常に「お客様視点」を意識してお店をチェックせよ!

◆独立・起業成功法則 その44
従業員のやりがいや幸せについても真剣に考えるべし!

◆独立・起業成功法則 その45
スタッフとのコミュニケーションを大事にせよ!

◆独立・起業成功法則 その46
目指す方向や価値観の違う人は、辞めてもらったほうが本人のためになる!

◆独立・起業成功法則 その47
店舗ミーティングは必ず実施し、スタッフたちの意見を聞く場にせよ!

◇独立・起業成功法則　その48
自分の車の中やロッカーの中が汚い人は店長にするな！

◇独立・起業成功法則　その49
普段から本部とは良好な関係を築いておくべし！

◇独立・起業成功法則　その50
特に、社長、スーパーバイザー、店舗開発、研修部の人たちと仲良くなっておけ！

◇独立・起業成功法則　その51
独立開業する前に、「創業の精神」と「経営理念」を考え、明文化しておけ！

◇独立・起業成功法則　その52
経営計画書を作成することで、従業員のベクトルを同じ方向に合わせよ！

独立・起業成功法則　その53
店長会議で多くのことを考えさせろ！

独立・起業成功法則　その54
社内研修はたくさんしろ！

独立・起業成功法則　その55
人材を人財にする投資は惜しむな！

第5章

独立して成功する人、しない人

——フランチャイズの成功モデル・失敗事例

1

成功事例・失敗事例から学べること

ここまでお読みいただいたあなたは、フランチャイズ・ビジネスのメリットにお気づきではないかと思います。そして、「独立開業するなら、まずはフランチャイズで！」、「フランチャイズなら、私でも成功できそうだ！」という気になっていることでしょう。

本章では、そう思ってフランチャイズをはじめた人たちが、どのような事業を行い、その結果どうなっているかを紹介したいと思います。

前半では、外食業・小売業・サービス業それぞれが開業した結果、どのような収益を手にしているかを紹介します。いわゆる**成功事例**です。また、後半では、飲食店を開業した各氏が、残念なことに撤退を余儀なくされた例を紹介します。いわゆる**失敗事例**です。

どうしてよかったのか・悪かったのかを考えて、それを自分の店舗に生かしていくことで、同じ轍を踏まずに済む可能性が高まります。フランチャイズ本部には、そうした成功事例や失敗事例がたくさん蓄積されているのです。

●フランチャイズ本部に蓄積される事例

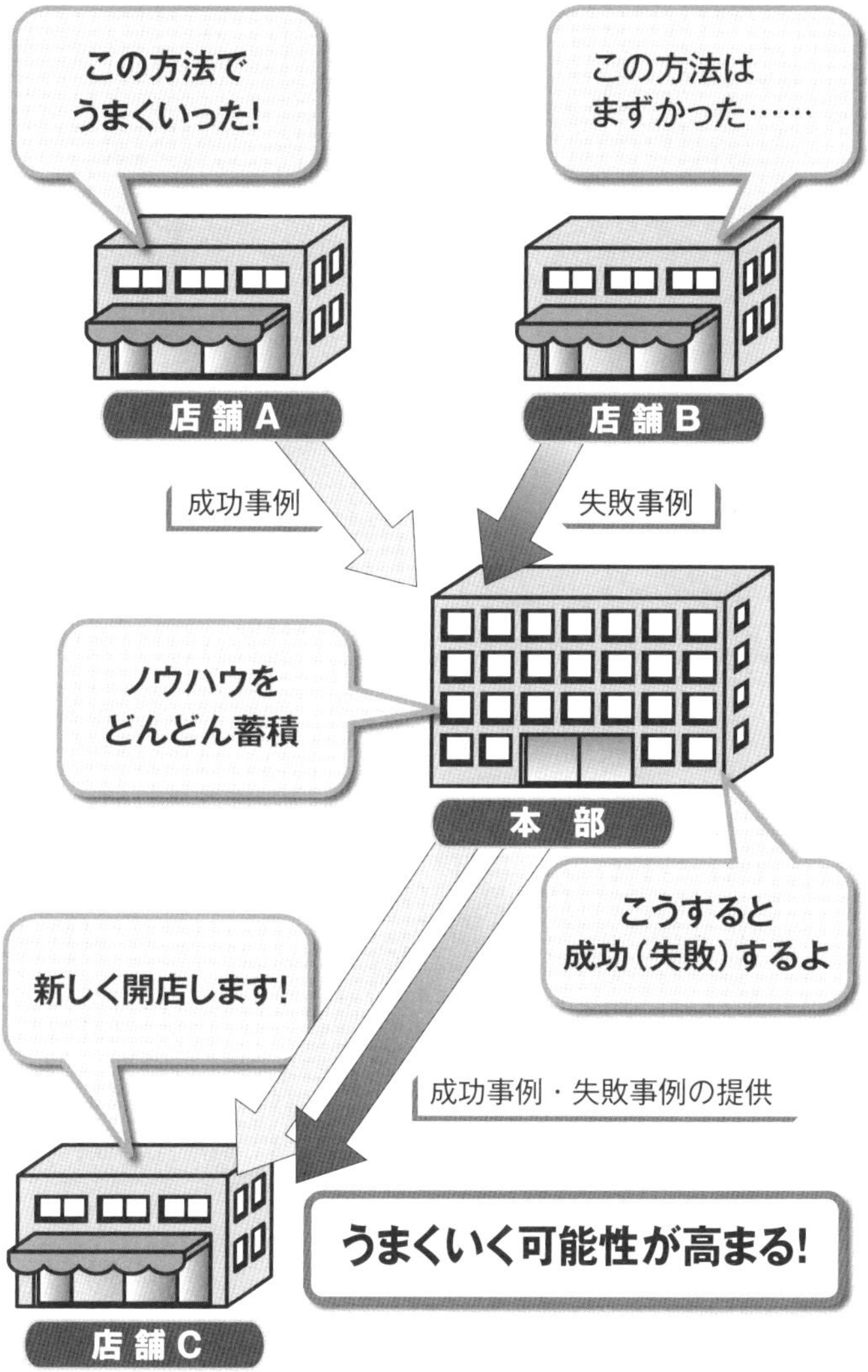

2

フランチャイズ成功の条件と収益モデル

フランチャイズで成功する人とは、本部から与えられたものを正しく利用し、本部と二人三脚で協力し合い、事業を行ってきた人です。

では、フランチャイズで成功すると、どのような収益を得られるのでしょうか。ここでは大まかな業種別に、見本ともいえる収益のモデルを紹介したいと思います。

まずは一般的な外食業から。左ページ表の「**開業資金の目安**」の欄には、開業までにかかるおおよその費用を記載しています。また、「**収益モデルの例**」には開店後に考えられる各店舗の売上・費用・利益を示しています。数値はあくまで概算です。

外食業は一般的に、開業までに多額の費用がかかります。加盟金や保証金などは他の業種とそれほど変わりませんが、店舗の内装や外装、調理設備にはどうしてもお金がかかってしまうのです。その分、ロイヤリティが売上の1～3%程度だったり、固定で数万円程度であることが多いようです。

●外食業の開業資金と収益モデル

開業資金の目安	
加盟金	50万円～　300万円
保証金	30万円～　200万円
研修費	0円～　50万円
営業消耗品	20万円～　250万円
内装・外装	800万円～2500万円
その他（設計・厨房備品など）	0円～　150万円

収益モデルの例	
月間売上高	7,800,000
▲売上原価	3,510,000
粗利	4,290,000
▲販管費	2,800,000
▲ロイヤリティ（売上高の3%）	234,000
営業利益	1,256,000

※数値は概算です。

【ラーメン店の場合】

外食業とひとくちにいっても、和食、洋食、中華、イタリアンなどなど、さまざまなジャンルがあります。

これらのジャンルの中でもっとも店の入れ替わりが激しいのは、**ラーメン**です。P66の表を見ると、居酒屋に次いで2番目にチェーン数の多いジャンルになっていることがわかります。それでいて比較的少ない予算からはじめることができるため、独立を志す人に人気なのです。日本人はみなラーメンが好きですし、行列のできる人気店がテレビなどで特集されることもよくあります。

ラーメン店開業のポイントは、何より**立地**です。店の存在を人々に気づいてもらえなければ、そもそもお客さんがやってくるはずがありません。ラーメン店の本部では、一等地にある居抜き物件を効率よく利用して、少ない資金で事業をはじめることを応援しているところもあります。

また、たとえば売上に対しての原価率はおおむね30％程度と、こちらも外食業にしては低めになっています。これは同じフランチャイズ店で一括して大量に材料を仕入れているからです。スケールメリットを生かして、リスクを減らすことができるのも、フランチャイズの強みといえるでしょう。

●ラーメン店の開業資金と収益モデル

開業資金の目安	
加盟金	0円 ～　200万円
保証金	50万円 ～　200万円
研修費	0円 ～　50万円
営業消耗品	0円 ～　50万円
内装･外装	800万円 ～ 2000万円
その他（設計･厨房備品など）	0円 ～　50万円

収益モデルの例	
月間売上高	5,800,000
▲売上原価	2,100,000
粗利	3,700,000
▲販管費	2,100,000
▲ロイヤリティ（売上高の3%）	174,000
営業利益	1,426,000

※数値は概算です。

【小売業の場合】

小売とは、生産者、製造者、卸売業者などから仕入れた商品を消費者に販売することです。衣類、雑貨、化粧品、書籍、スポーツ用品、生鮮品、家具、家電など、小売業が扱う商品は千差万別です。

どのような商品を扱うのかによって、店舗の形態は大きく変わります。幅広く生活雑貨を扱うのであればスーパーやデパートのようなものになるでしょう。後述するコンビニも小売業の1つです。それに対して靴やテレビゲームなど、ある分野に特化した店舗も考えられます。

小売業でも、そのスケールメリットを生かすことが基本です。一定のエリアに集中して店舗展開を行い、一括で大量の商品を仕入れます。また特に大規模なところになると、自社のブランドを作成したり、他社と協力して**プライベートブランド（ＰＢ）**を開発したりするところもあります。これによって、さらなるコストの削減、売上の獲得を見込むことができます。

コンビニは例外ですが、小売業のロイヤリティは他のフランチャイズに比べると低く設定されています。本部の用意した商品を加盟店に買ってもらうだけで、本部は利益がでるためです。

●小売業の開業資金と収益モデル

開業資金の目安	
加盟金	0円 ～　100万円
保証金	0円 ～　100万円
研修費	0円 ～　50万円
初期商材	50万円 ～ 1600万円
内装・外装	30万円 ～ 1000万円
その他	0円 ～　50万円

収益モデルの例	
月間売上高	2,940,000
▲売上原価	1,764,000
粗利	1,176,000
▲販管費	588,000
▲ロイヤリティ（なし）	0
営業利益	588,000

※数値は概算です。

【コンビニエンスストアの場合】

日本に4万2000店以上もあるコンビニ。その7割程度がフランチャイズの店舗です。24時間眠らないコンビニは文字通り、私たちの生活に便利を提供してくれます。

コンビニのフランチャイズ本部は一般的に、**土地や建物が自分で用意できる場合とできない場合で別々の契約条件を用意しています。**契約時に必要な資金に大きな差はありませんが、ロイヤリティの割合などが条件によって異なります。

左の図のロイヤリティの欄を見てください。外食業では数％だったロイヤリティが、**45％！　60％！**　などと飛びぬけています。これはこの中に商品の配送費やシステムの維持費が含まれているからです。

店舗の運営は2名以上の専業としている本部が多いため、夫婦や親子といった親族関係で加盟しているケースが多勢を占めます。

こうして稼ぎ出す年間の総収入は「総収入最低保証」という項目で表示されています。左図でも年間1800万円、月額に直すと150万円になっています。かなり儲かると思われそうですが、少し違います。ここでの総収入というのは、あくまで売上高、店舗のレジに入ってくる金額。ここから店舗の家賃や水道光熱費、パートやアルバイトへの給料などを支払った残りがあなたの収入なのです。さて、いくらになりそうでしょうか？

●コンビニエンスストアの開業資金と収益モデル

開業資金の目安	
加盟金	50万円
開店準備手数料	50万円 ～ 100万円
元入金 （両替現金・商品代金の一部）	150万円

収益モデルの例	
年間総収入最低保証	18,000,000
▲人件費など	12,500,000
営業利益	5,500,000
▲ロイヤリティ （営業利益のうち ・300万円以下の部分…45% ・300万円を超え450万円以下…60% ・450万円を超える部分…70%）	2,950,000
収益	2,550,000

※本部が土地・建物を用意するタイプ。上記は年収です。
※数値は概算です。

【サービス業の場合】

外食業や小売業などと違って、物ではないものを生み出す仕事をまとめてサービス業といいます。クリーニング、理容・美容院、スポーツジム、CDなどのレンタル、マッサージ、通信関係など、誰もがお世話になったことがあると思います。これらサービス業のフランチャイズも、たくさんあります。

外食業や小売業の勝負のポイントは商品そのものの質や価格でした。それに対してサービス業の勝負のポイントは、**サービスの提供者自身**です。サービスをする人の実力や人柄、センスといった要素が大事にされるのです。

左には学習塾の例をまとめました。学習塾は基本的に専門の設備が必要なく、立地も必ず駅前の一等地がいいとは限らないので、開業資金は少なめで済みます。その分、ロイヤリティは売上の約10%～15%と、わりと高めに設定されているのが実情です。

しかし、ただ学習塾をオープンしたとしても、入ってくる生徒がいなければ儲けはありません。さらに生徒がやってきたとしても、成績が思うように上がらなければ離れていってしまうでしょう。**お客さんに来てもらうことと同時に、自分や社員・アルバイトの実力アップも考え、日々向上していくことが求められるのです。**

●学習塾の開業資金と収益モデル

開業資金の目安	
加盟金	100万円 ～ 300万円
保証金	0円 ～ 50万円
研修費	0円 ～ 20万円
内装・外装・設備費	100万円 ～ 300万円

収益モデルの例	
月間売上高	3,000,000
▲売上原価	800,000
粗利	2,200,000
▲販管費	500,000
▲ロイヤリティ(売上高の10%)	300,000
営業利益	1,400,000

※数値は概算です。

【無店舗フランチャイズの場合】

フランチャイズのサービス業の中には、店舗を持たずに開業できるものもあります。具体的には、家事や介護の代行サービス、クリーニングサービス、出張美容師サービスなどが挙げられます。これらの職種の最大の特徴は、店舗を構える必要がないこと。スキルと道具さえあれば、無店舗で開業することができるため、もっとも少ない予算ではじめることができるビジネスだともいうことができます。自宅を事務所代わりにして、仕事のあるときだけ外に出向くようにすればいいいため、手軽です。

しかし、**無店舗だということは、ただ待っているだけでは仕事が入ってこないことを意味します**。積極的に営業をしたり、ほかではまねできない専門的な技術を身につけたりして、仕事を自ら取りに行くことが必要です。

以上、大まかな業種別に仕事のイメージ、開業資金、収益モデルを見てきました。本来収益モデルは個々の事情に合わせて細かく作ります。ここに挙げたものはあくまで一例でしかありません。うまくいけば収益モデルと同じか、それ以上の収益を上げられるのですが、残念ながらそうはいかないケースもあるのです。次項から、その事例を見ていくことにしましょう。

●無店舗ビジネスの開業資金と収益モデル

開業資金の目安	
加盟金	50万円 ～ 100万円
研修費	0円 ～ 50万円
資機材	50万円 ～ 150万円

収益モデルの例	
月間売上高	1,000,000
▲売上原価	100,000
粗利	900,000
▲販管費	50,000
▲ロイヤリティ（一律5万円）	50,000
営業利益	800,000

※数値は概算です。

3

脱サラして個人商店でラーメン屋をオープンしたが……山田次郎さん（仮名）のケース

山田次郎さんが個人商店でラーメン屋をオープンしたのは2006年8月、54歳のときのこと。かねてより山田さんは「独立して自分の店を持ちたい」という夢を持っていました。その夢を叶えるために早期退職制度を利用して、それまで勤めていた電機メーカーを退職しました。

独立するに当たって山田さんが最後まで迷ったのは、どんな業種で独立するかということ。さんざん迷った挙げ句、学生時代に4年間アルバイトをした経験があった**ラーメン屋**で独立することにしました。アルバイトの経験が生かせると考えたのです。

開業資金は2000万円。うち1000万円は早期退職金をつぎ込み、残り1000万円は銀行から借り入れました。

この金額はラーメン屋の開業資金としては、少ないほうです。

そのため、店舗は一等地ではなく、やむなく住宅地の**二等地**を借りることになりました。

また、麺や食材のランクも落とさざるを得なくなり、ラーメンの**味はイマイチ**。

さらに、パートやアルバイトの時給も低くせざるを得なかったため、ほかの店では採用されないような人材しか集めることができませんでした。**サービスの質も低い**ものとなってしまったのです。

このような状況で迎えたオープン。

最初の1ヶ月はお客さんが来てくれ、満席になることもありましたが、その後はリピーターが定着せず、売上はどんどん減っていくばかり。

自分の給料も15万円取るのがやっとで、銀行から借りた1000万円の借金の返済もきつい状況になってしまいました。

借金がなければ「閉店」という選択肢もありました。しかし、閉店してしまうと借金が返せなくなってしまいます。山田さんはやめるにやめられず、スタッフを減らしてその分自分が働くなど、経費を切り詰めながらがんばりました。

しかし、美味しくないラーメンを出すサービスの悪い店に、お客さんが来てくれるはずもありません。売上はどんどん下がっていきました。

結局、起死回生の一手が見つからないまま、10ヶ月が経ったある日、身も心も疲れ切ってしまった山田さんは「**夜逃げ**」という方法を選択し、どこかに行方をくらましてしまったのでした。

失敗のポイント

山田さんに対して私が真っ先に思うのは「**経験がないのなら、なぜフランチャイズにしなかったのか**」ということです。

山田さんには、学生時代に4年間、ラーメン屋でアルバイトをした経験があるとのことでした。しかし、もう30年以上も前のアルバイトの経験がそのまま通用するほど、世の中甘くはありません。もちろん、まったくの未経験よりはいいのかもしれませんが、アルバイトと経営者では勝手が違いすぎるでしょう。これでは、経験がないのと同じです。

個人商店で独立するなら、経験とこだわりと強い意志が必要です。しかし、山田さんにはそこまでのものはありませんでした。ラーメンは特に激戦で、有名店に弟子入りして何年も修行を積んでから初めて独立する人も多いのです。

したがって、山田さんの場合、厳しいいい方をすれば、単に独立して自分のお店を持ちたかったというだけの話で、**独立したこと自体が間違っていた**といえるでしょう。

また、コストを下げたいという気持ちはわかりますが、山田さんの場合は**下げてはいけないコストまで下げてしまいました**。その結果、飲食店としては致命的な味とサービスの質までもが下がってしまい、売上不振につながったのです。

フランチャイズで独立していれば、経験がなくても大丈夫ですし、店舗も一等地が借りられる可能性が高くなり有利です。また、食材も安価で良質なものが仕入れられますので、ラーメンの味を落とすこともなかったでしょう。スタッフの教育研修制度もありますので、サービスの質が落ちることもなかったと思います。

フランチャイズにしておけばと、悔やまれるケースです。

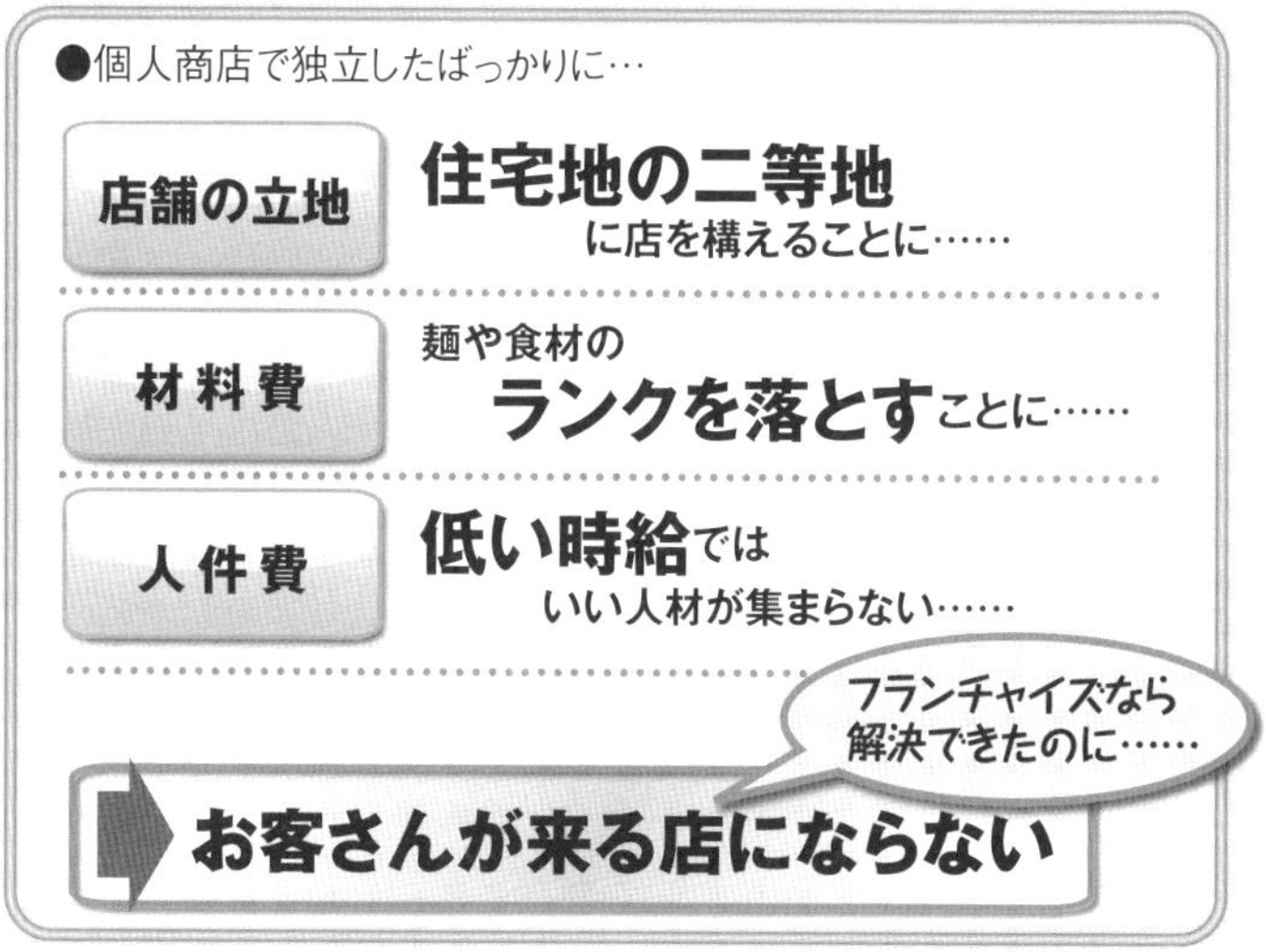

店舗の立地	**住宅地の二等地**に店を構えることに……
材料費	麺や食材の**ランクを落とす**ことに……
人件費	**低い時給**ではいい人材が集まらない……

お客さんが来る店にならない

4

面接で即決。最初はうまくいっていたが……鈴木武司さん（仮名）のケース

鈴木武司さん（42歳）が脱サラをして居酒屋で独立開業することになったのは、ある居酒屋のフランチャイズ説明会に、たまたま参加したのがきっかけでした。いつかは独立開業したいと考えていた鈴木さんでしたが、そのときはまだどんな業種で独立するかはまったく白紙の状態でした。

数日後。フランチャイズ本部から「面談に来ないか」と電話がかかってきました。

鈴木さんはこの居酒屋チェーンにするかどうか、まだ決めかねていたため、いったんは誘いを断りました。しかし、その後もしつこく電話がかかってきたため、仕方なく本部に出向いていって、担当者と面談をしたのでした。

本部担当者の話はとても説得力がありました。売上シミュレーションを見ると、**出店費用が3年で回収できる予定になっています**。しかも、担当者と本部の印象がよく感じられ

ました。鈴木さんは「居酒屋未経験でもできる」とすっかりその気になり、その場でフランチャイズ契約を結んだのでした。

出店場所も決まり、スタッフの採用および研修も終わり、いよいよオープン。最初の3ヶ月は売上も順調で、まさにシミュレーション通りの展開でした。

ところが、4ヶ月目から徐々に売上が下がっていきます。そして8ヶ月目には、**本部が出していた売上シミュレーションとは程遠い**状態となり、ロイヤリティを払うのがやっとのところまで売上がダウンしてしまいました。

結局、鈴木さんは1年で本部との契約を解除。現在は知り合いの会社で働きながら借金を返しています。

失敗のポイント

鈴木さんが犯した最大のミスは、**安易に契約をしてしまった**ことでしょう。特に、本部が出した売上シミュレーションを、自分の目で検証することなく、安易に信じてしまったことが大きな問題といえます。

昔に比べて、悪質なフランチャイズ本部は減ってきたとはいえ、残念ながら今でも悪い本部はあります。たとえば飲食店の場合、**本部が示す売上シミュレーションの数字がオープン3ヶ月間の平均になっていることがあります**。なぜなら、その3ヶ月間が一番売上がよく、資料として見映えがするからです。

本部の中にはこのことを資料の隅に小さく記しているところがあります。鈴木さんが契約した本部もそうだったのです。

開店後、落ち着いてからどうなのかというシミュレーションを出している本部と、いいときだけのシミュレーションしか出していない本部がありますので注意してください。

また、契約をする前に実際に店舗を見学に行ったり、何人かのオーナーに会って話を聞いたりしてから判断するのも重要なことです。本部に「オーナーを紹介してほしい」とお願いすれば、たいていの本部は紹介してくれますので、実際に会いに行って話を聞くようにしましょう。逆に、オーナーを紹介してくれない本部は、何か紹介できない事情があるのかもしれませんので要注意です。

フランチャイズで独立開業しても5年生き残れない約30%の人の中には、鈴木さんのように自分の目で確認しない人が結構います。契約書にサインをする前に必ず自分の目で、その実態を確認するようにしましょう。

●こんな売上シミュレーションには要注意

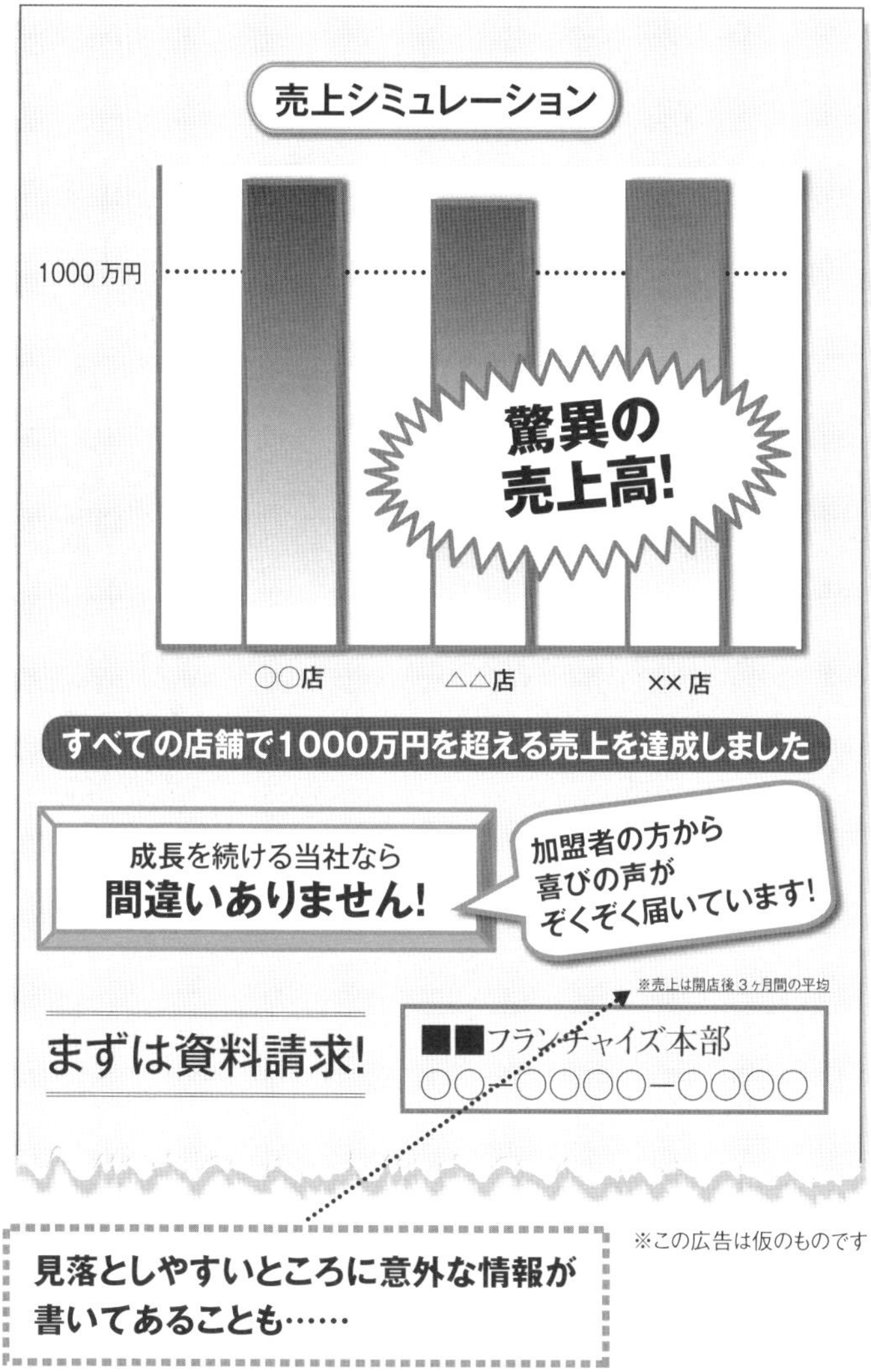

売上シミュレーション
1000 万円
驚異の売上高!
○○店
△△店
×× 店
すべての店舗で1000万円を超える売上を達成しました
成長を続ける当社なら
間違いありません!
加盟者の方から
喜びの声が
ぞくぞく届いています!
※売上は開店後３ヶ月間の平均
まずは資料請求!
■■フランチャイズ本部
○○−○○○○−○○○○
見落としやすいところに意外な情報が
書いてあることも……

※この広告は仮のものです

5

自信があったのでフランチャイズから個人商店に。しかし……

岡田広さん（仮名）のケース

岡田広さん（40歳）がある居酒屋チェーンに加盟して独立開業したのは、37歳のときでした。

独立するまでの10年間、岡田さんは別の居酒屋チェーンで雇われ店長をしていました。一人前に仕事がこなせるようになった岡田さんは、「これなら独立開業してもやっていけそうだ」と考え、当時伸びていた居酒屋チェーンに加盟して独立開業したのです。

岡田さんが加盟した当時、そのチェーンはまだ40店舗くらいでした。本部のスタッフも腰が低くて面倒見がよく、またお店のコンセプトやメニュー構成、店舗の雰囲気などもよかったので、**このチェーンは将来大きくなる**と、岡田さんは確信していました。

実際、オープン当初の岡田さんの店は、非常に順調でした。また、岡田さんも、雇われ店長時代に培った経験を生かして、いろいろと工夫したことが功を奏し、チェーン内でも常にトップクラスの売上をキープしていました。

ところが、チェーンが大きくなるにしたがって、**成功ノウハウが蓄積されてきました。**そのノウハウで売上を伸ばす店が続出した結果、岡田さんのお店の売上ランキングは**次第に下がっていった**のです。

岡田さんの店の売上そのものはそれほど変わっていなかったのですが、ほかの店が売上を伸ばしたため、相対的に順位が下がってしまったというわけです。

売上ランキングが上位だったときは、本部やスーパーバイザーもよく対応してくれました。しかし、チェーンが大きくなり、売上ランキングが下がっていくにつれて、次第に対応が悪くなっていきました。

こうした態度の変化に対し、岡田さんはこれまでどおりのきめ細かな対応をしてくれるよう、何度も本部に要望しました。しかし、その要望は聞き入れられず、対応は一向によくなりませんでした。次第に岡田さんは**大したことをしてくれない本部に対して毎月ロイヤリティを払うことがバカらしく思えるようになっていった**のです。

結局、岡田さんは本部とさんざんもめた挙げ句に本部から脱退。同じ場所でオリジナルの居酒屋をやることになったのです。

岡田さんには、たとえフランチャイズの看板がなくなったとしても、これまで来てくれていたお客さんは自分の店に来てくれるだろうという自信がありました。

ところが、チェーン店から個人商店に変わった途端、岡田さんが予期していなかった問題が発生したのです。

それは、**スタッフの退職**でした。居酒屋「おかちゃん」では将来はないと判断したのか、まず店長が辞め、その後を追うようにアルバイトも次々に辞めていきました。

岡田さんは慌てて求人広告を出しましたが、アルバイトの応募さえも来ない状況。以前は求人広告を出せばかなりの数の応募があったのに、個人商店になった途端、スタッフ集めに苦労するという悲劇を味わったのです。

仕方がないので、それまで専業主婦で店に出るのを嫌がっていた奥さんにも無理をいって手伝ってもらい、なんとか店を回していました。しかし、スタッフ不足によるサービスの低下は免れず、次第にお客さんも売上もどんどん下がっていくようになりました。

そして、個人商店に変わってから半年後に店は倒産し、奥さんとも離婚。岡田さんはすべてを失ってしまったのでした。

失敗のポイント

岡田さんの失敗の原因は、**自分の力を過信しすぎた**ことです。

個人商店に変えるまで店がうまくいっていたのは、岡田さん自身の実力も多少はあったでしょうが、それ以上に**フランチャイズチェーンのブランド力**のほうが大きかったのです。

また、岡田さんには居酒屋の店長経験があるため、自分のやり方にこだわるところがありました。成功ノウハウを積極的に取り入れようとはしなかったのです。オープン当初から、それでうまくいっていたため、スーパーバイザーのアドバイスに耳を傾けようとしなかったことも、本部との関係がこじれる要因となったようです。

加盟店のオーナーの中には、岡田さんのように個人商店でやったほうがロイヤリティを払わなくてもいいし、今よりもっと儲かるのではないかという感覚に陥る人がいます。しかし、脱退して個人商店で成功する人はほんの一握り。多くの人は岡田さんのように失敗しています。したがって、あまり自分の力を過信しすぎないようにしましょう。

また本部と加盟店は基本的に運命共同体です。本部と対立するのではなく、協力しあってやっていくようにしましょう。

6

気がついたら最悪の激戦区になっていた……加藤靖さん（仮名）のケース

加藤靖さん（44歳）が独立開業するに当たって選んだフランチャイズ本部は、当時まさに飛ぶ鳥を落とす勢いで出店を進めていた焼肉屋のチェーン店でした。

説明会に参加し、その説明に納得し、面談した社長の人柄もよかったことから、加藤さんはこの焼肉屋のチェーンに加盟することにしました。

加藤さんの出店計画は順調でしたが、**唯一、当初の計画と変わったのが出店エリア**。当初は東京23区内に出店する予定だったのが、物件の関係で急きょ埼玉県に変更になったのです。しかし、埼玉県といっても、東京との県境。加藤さんは心配していませんでした。

そして、いざオープン。加藤さんの店の売上は順調で、本部の予想を上回り続けたのです。3ヶ月を過ぎても加藤さんの店の勢いは変わらず、順調に売上を伸ばしていました。

そんな加藤さんの店に異変が起きはじめたのは、オープンから半年が経ったころのこと。

加藤さんの店の売上が予測を上回っていたことから、このエリアに需要があると判断した本部が、**ドミナント戦略**という名目で、加藤さんの店の近くに数店舗出店したのです。

ドミナント戦略とは、チェーン店が同業他社よりも優位に立つために、ある特定地域に集中して出店することによって、知名度を上げたり配送を効率化したりする戦略のことです。本部はこれによってさらなる売上増をもくろんでいたのです。しかし、数店舗が共存できるほどのマーケットは、そのエリアにはありませんでした。それまで好調だった加藤さんの店の売上は、同じチェーン店の出店を機にどんどん下がりはじめてしまいました。

本部も出店しすぎたとわかり、いろいろとアドバイスをしてくれましたが、残念ながらどのアドバイスも売上回復にはつながりません。

加藤さんはオープンからわずか1年2ヶ月で撤退を余儀なくされたのでした。

失敗のポイント

加藤さんのようなケースは、**急成長しているフランチャイズチェーンにありがちなケース**です。時流に乗っている本部は強気で出店するものです。その結果、店舗が過剰になって同士討ちが起こり、しまいには共倒れしてしまうのです。

また、開発担当者に毎月の出店件数のノルマが課せられていることが原因で、こういう過剰な出店が起こるケースもあります。

加藤さんのような目に遭わないためには、契約書に**「半径何キロ以内には出店しない」という条項**を入れておくことが重要です。

本部によっては、このような条項があるところもありますし、「半径何キロ以内には何店舗まで」という決まりのところもありますので、しっかり確認しておきましょう。

この確認を怠ってしまうと、加藤さんのようにドミナント戦略という名の下に、近所に出店されて潰されてしまうことにもなりかねません。

これが多いのがコンビニです。特に注意しましょう。

●ドミナント戦略のメリット・デメリット

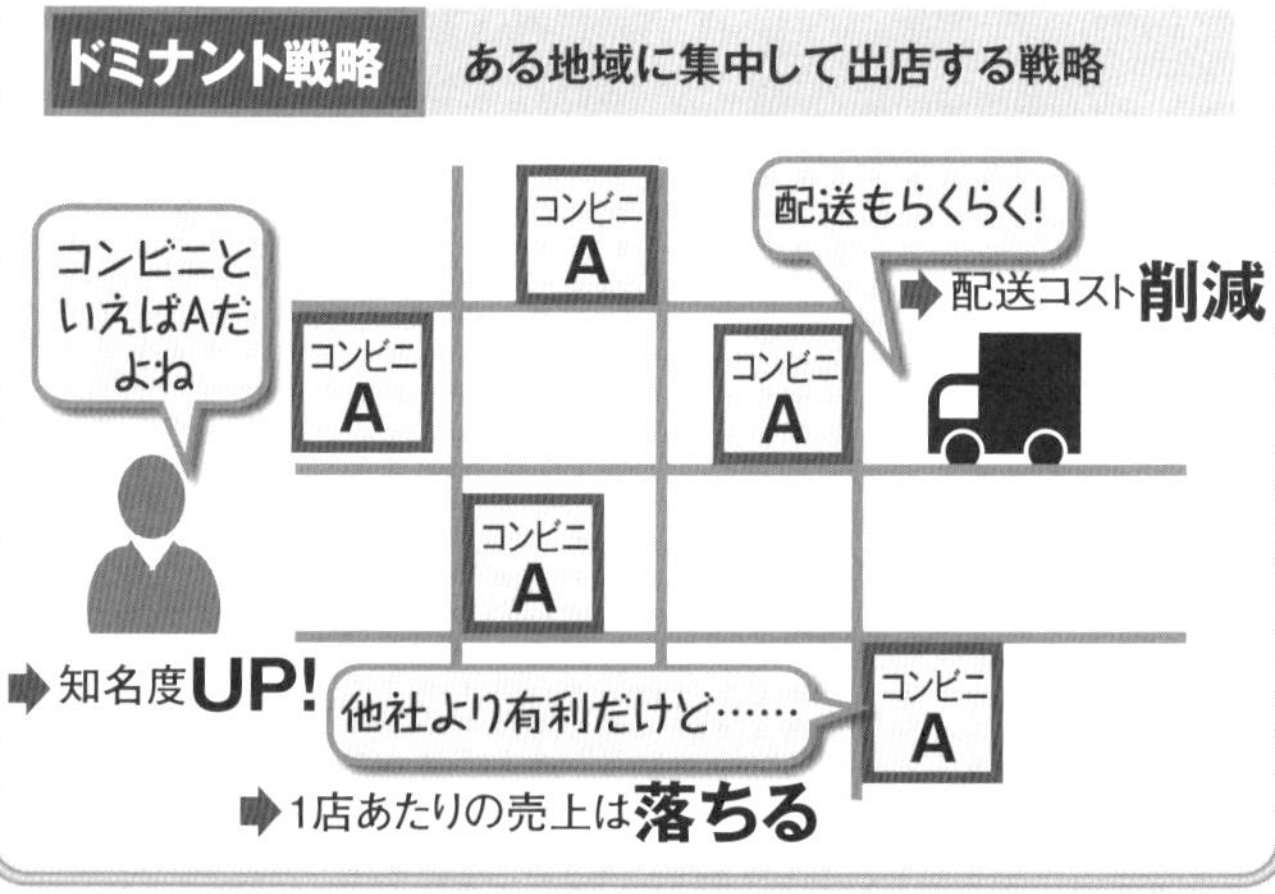
ドミナント戦略
ある地域に集中して出店する戦略
コンビニといえばAだよね
コンビニ A
配送もらくらく!
配送コスト削減
知名度UP!
他社より有利だけど……
1店あたりの売上は落ちる

独立・起業成功法則　その56
経験がない業界での起業こそ、フランチャイズを選ぶべし！

独立・起業成功法則　その57
コスト意識は必要だが、下げてはいけないコストまで下げてはいけない！

独立・起業成功法則　その58
本部が出している売上シミュレーションを鵜呑みにしてはいけない！

独立・起業成功法則　その59
契約前に必ず実際の店舗を見学に行ったり、何人かのオーナーに会って話を聞くべし！

独立・起業成功法則　その60
契約書に「半径何キロ以内には出店しない」という条項を入れるよう交渉すべし！

◆独立・起業成功法則 その61

あまり自分の力を過信せず、本部と協力しあってやっていくべし！

第6章

アイツは絶対3日で辞めると賭けられた

──元ヤンキー 22歳でオーナーになる

1

地元でも有名なワル。寿司屋に就職するも3ヶ月で辞める

フランチャイズ・ビジネスは成功確率の高い独立開業の方法です。しかし、ここまでご紹介したように、フランチャイズ本部を妄信しすぎたり、自分の力を過信しすぎたりしてしまうと、思わぬ落とし穴にはまってしまうこともあります。実際、私も何度かそうした危ない状況になったことがありました。

そこで、本章では、私の経験を紹介したいと思います。これから独立開業を目指す方に、何か役立てば幸いです。

地元でも有名な悪ガキだった私は、中学を卒業すると調理師学校に進学しました。そこで1年調理のことについて学び、卒業後は東京都内の寿司屋に住み込みで就職しました。しかし、せっかく就職した寿司屋も、わずか3ヶ月で退職。理由は、回転寿司ではアル

バイトが寿司を握っている時代に、10年間は寿司を握らせないという、この店のやり方が古臭く感じたからです。

「俺はいったい、いつになったら一人前の寿司職人になれるんだ！」

そんな疑問と不安を感じて、とりあえず辞めることに。正直そのときは、将来のことなど何も考えていませんでした。

寿司屋を辞めて地元・東京都あきる野市に戻ってきた私は、遊んでいるわけにもいかず、仕事を探しました。

仕事選びの一番の条件が、**夜遊びができること**。

まだ若かった私は、地元に戻ってきてから、また昔の仲間たちと夜な夜な遊びまわっていました。ですから、夕方から夜遅くまで仕事をして、夜中遊んで、朝から昼過ぎまで寝ていられるような仕事を探したのです。

そんな中で見つけたのが、**お好み焼き屋の道とん堀**でした。

当時はまだ1店舗しかなく、営業時間も午後4時から午後11時まで。私にとっては理想的な仕事だったのです。

2

金髪で道とん堀の面接に。アイツは3日で辞めると賭けられた

当時の私は、髪を金髪に染めていて、面接のために黒く染め直すという発想はなかったので、いつものように金髪のまま、バイクに乗って面接に行きました。

そのとき何を聞かれてどう答えたのか、ほとんど記憶にありません。

後から聞いた話ですが、面接が終わってすぐ、面接をしてくださった社長や専務、常務の間で、「すごいのが来たね～」と話題になったそうです。

そして、社長が「**アイツは3日で辞める**」。専務は「いや、アイツは1週間は持つと思う」。常務が一番長くて「アイツは根性がありそうだから1ヶ月は持つだろう」と賭けられていたようです。

結局、この賭けは誰も当たらず、今では私は、道とん堀グループの数万人のオーナー、社員、パート、アルバイトの中で、**社長、専務に次いで3番目に古い人間になってしまい**

ました。

こうして道とん堀に社員として入社した私は、当初の計画通り、午後4時から11時くらいまで仕事をして、それから仲間と朝まで遊んで、昼過ぎまで寝てから、また仕事に行くという生活を続けていました。

生活スタイルはこのようなものでしたが、もともとけっこう真面目な性格なので、仕事はきちんとしていました。

そんな私の仕事ぶりが認められたのか、入社して半年後くらいに道とん堀が2号店を出店した際、18歳にしてなんと2号店の店長に大抜擢されたのです。

当時、社員が私を含めて3人しかいなかったということもありましたが、それでも**店長になれたというのは、私にとっては大きな自信になりました。**今思えば、飲食ビジネスにのめり込んでいくきっかけになったのではないかと感じます。

3

元ヤンキー、フランチャイズに魅せられる

これまで直営店での出店を進めてきた道とん堀は、私が2号店の店長になって2年が経ったころに、初めてフランチャイズの店舗をオープンすることになりました。

当時、「FC？ フランチャイズ？ サッカーチームのこと？（笑）」と、フランチャイズの意味すらよくわからなかった私でしたが、とにかく人がいないということで、**フランチャイズ店の立ち上げプロジェクトのリーダーに、若干20歳で抜擢されたのです。**

店長の仕事も兼務しながら本部に入り、フランチャイズの立ち上げを成功させるために、店長の教育からパート・アルバイトの募集および研修、マニュアルの整備、広告宣伝まで、すべて私が陣頭指揮を執りました。正直、すべてが初めてのことでしたが、2年間の店長経験が役に立ち、なんとかプロジェクトを成功させることができたのです。

このプロジェクトがきっかけでフランチャイズ店のオーナーさんと仲良くなった私は、

あるときオーナーさんにP／L（損益計算書）を見せてもらいました。

するると、そこには衝撃の数字が……。

今、自分が店長としてもらっている給料とは、ケタが1つ違う数字がそこに書かれていたのです。

そのオーナーは自分ではまったく店に立たず、完全に人に任せるスタイルでした。それなのに毎月100万円以上の給料が入ってくる仕組みに、20歳の私は完全に魅了されてしまったのです。

それ以来、自分もフランチャイズをやりたい、オーナーになりたいと、強く思うようになりました。そしてついには、社長に「自分も独立してフランチャイズのオーナーになりたい」と直談判。

社長は20歳の若造のいうことをまともには聞き入れてくれませんでした。しかし、同時に「独立したければ、まずはお金を貯めてみたらどうだ？」と、ある提案をしてくださったのです。

4

独立を決意し、3年間給料なし休みなしで働く

社長の提案とは、「**とりあえず3年間、給料なし、休みなしで働くこと**」。

正確にいうと、無給ではなく、給料を会社で預かって積み立てておくことで、お金を貯めてはどうかというものでした。

おそらく社長は、私が本当にやるとは思わなかったのではないかと思います。

しかし、当時の私は、そこまでしてでもフランチャイズで独立したかったので、二つ返事でお願いしました。

そして、給料なし、休みなしの生活を3年近く続けました。それを支えたのは、恥ずかしい話、独立してたくさんお金を稼いでロレックスの腕時計やベンツのオープンカーを買いたいという**物欲**でした。

また、出世払いでおごってもらっていた遊び仲間たちの手前、「出世しなければまずい」

という意地やプライドもあったと思います。

約束の3年が近づいてくると、「まだですか？」とか、「そろそろ3年になりますが……」といいたい気持ちが出てきます。しかし、それをグッとこらえて、ただひたすら独立の許可が下りるのを待ち続けたのです。

そんなある日、ついに社長から独立の許可が下ります。

ただし、その時点で貯まっていたお金は約500万円。当時、出店するのに約2700万円必要でしたので、2200万円足りませんでした。しかし、私の頑張りを認めてくれた社長が1000万円貸してくれました。さらに私の親に資金の融通を頼んでくれたことで、残りの1200万円を親に出してもらうことができました。こうして、**念願のフランチャイズオーナーとして独立開業を果たすことができたのです。**

場所はJRの国立駅前。道とん堀グループとしては14店舗目。平成8年6月、22歳のときのことでした。

5

22歳でフランチャイズ社長に。儲かりすぎてベンツとロレックスを購入

私は弱冠22歳で一国一城の主となりました。

平成8年といえば、バブルが崩壊して景気はそれほどよくない時期でした。しかし、道とん堀に関していえば、二等地でも出店すればお客さんが入るという、まさに成長期の状態。私のお店もその恩恵を受け、オープン当初からお店は絶好調でした。

当時、月に370万円の売上があれば、100万円の給料が取れるシミュレーションでした。私の店には毎月500万円以上の売上がありましたので、200万円近いお金が私の手元に給料として残ったのです。

そのため、**オープンから1年ほどでベンツのオープンカーと金のロレックスを買うことができました。**

ただ、このとき1つ後悔したことがありました。それは、**経理**を学んでおくべきだった

ということです。

本部にいた2年の間に、人材教育から研修、広告宣伝までいろいろなことを経験させていただいたのですが、経験しなかったのが店舗開発と経理です。経理の知識がまったくないまま独立してしまった私は、儲かったお金をどう処理すればいいのか、まったくわからなかったのです。

本部の経理の人に相談したところ、**会社にしたほうがいいとのアドバイス**をもらいました。これを受け、オープンから8ヶ月後に法人化。社名は、丸山の「丸」と道とん堀の「道」を合わせて、株式会社丸道としました。

そして、オープンから大きな壁にぶつかることもなく、私のお店は好調を維持し続けました。儲かったお金で25歳のときに八王子に2店舗目、翌年26歳のときに相模原に3店舗目と、次々に出店していったのです。

まさに順風満帆だったわけですが、この先に大きな落とし穴が待ち受けていることを、このときの私はまだ知る由もなかったのでした。

6 若造社長はこうして会社を潰しかけた

1店舗のときは、オーナー店長として毎日店に出ていた私でしたが、3店舗になって各店に店長を置くようになってからは、毎日店に顔を出さなくてもお店が回るようになってきました。

ちょうどそのころ、道とん堀のフランチャイズの出店が加速していた時期だったので、私は自ら志願して、本部の店舗開発のお手伝いを無給ですることにしたのです。

週に2～3日はお店に顔を出し、残りの4～5日は本部の店舗開発のお手伝いで、ベンツで関東地方を飛び回るという生活をするようになりました。

最初は、本部時代にやり残した店舗開発の勉強をするという意識で手伝っていたのですが、そのうち**店舗開発に行った先々で飲み歩くようになってしまいました**。

4年近く休みなしで働いてきたリバウンドが出たのでしょう。本部のお手伝いという名目で、いろんな遊びをするようになりました。

このような生活をしていると、当然お金が必要になります。最初のうちは自分の給料の範囲内ですんでいたのが、そのうちなんだかんだと出費がかさむようになり、とうとう**店の売上に手をつけるようになってしまったのです**。

オーナーがチャラチャラした格好で店にやってきては、レジからお金を持っていく。こんな悪行がスタッフにいい影響を与えるはずがありません。

しかし、当時はそのことに気付かず、私は「店の売上は俺の金」とばかりに、やりたい放題やっていました。

そんな生活を1年続けたあたりから、ついに組織にほころびが出始めます。

まず、三人の店長のうち二人が辞め、それにつられるように、パートやアルバイトも次々に辞めていきました。

仕方がないので、私が店に出ることになるのですが、私もまだ遊びたいので、アルバイトだけにやらせて店を抜けることもしばしば。また、虫の居所が悪いとアルバイトを怒鳴りつけることもありました。

こうなると当然スタッフのモチベーションは下がり、サービスの質も下がっていきます。するど、次第にお客さんが離れていき、売上の低下につながっていくわけです。気がついたら、**私の店は3店舗とも負のスパイラルにはまっていた**のです。

当時、銀行への返済が月に250〜350万円ありました。売上が下がってくると、この借金を返すのが大変でした。

ときには、かなり自分のお金をつぎ込みましたが、売上はなかなか元に戻りません。いったいどうなってしまったのか？　経営の勉強をしたことのない私には、まったく意味がわかりませんでした。

海外に逃げようかと思ったこともありましたが、逃げ方がわからなかったのでやめました。本部に相談しようかとも思いましたが、こちらから志願して手伝わせてもらっていた手前、「店舗開発を手伝っている間に、自分の店が大変なことになってしまいました」とはいい出しにくく、内緒にしていました。

結局、もう一度初心に返り、自分が先頭に立って1年間頑張ることで、新たな借金をすることなく、なんとか3店舗とも立ち直らせることができました。

今思うと、3店舗だからなんとかなったようなものの、これが**5店舗、10店舗だったら、おそらくアウト**だったたと思います。また、道とん堀が成長期だったことも、立ち直ることができた大きな要因だったといえるでしょう。

この件をきっかけに、経営の重要性を肌で感じた私は、父親の勧めもあって社長向けの経営研修に参加するようになります。そして、最初に参加した「地獄の特訓」系の研修で、さんざん根性を叩き直され、「**謙虚さ**」と「**感謝**」を叩き込まれたのでした。

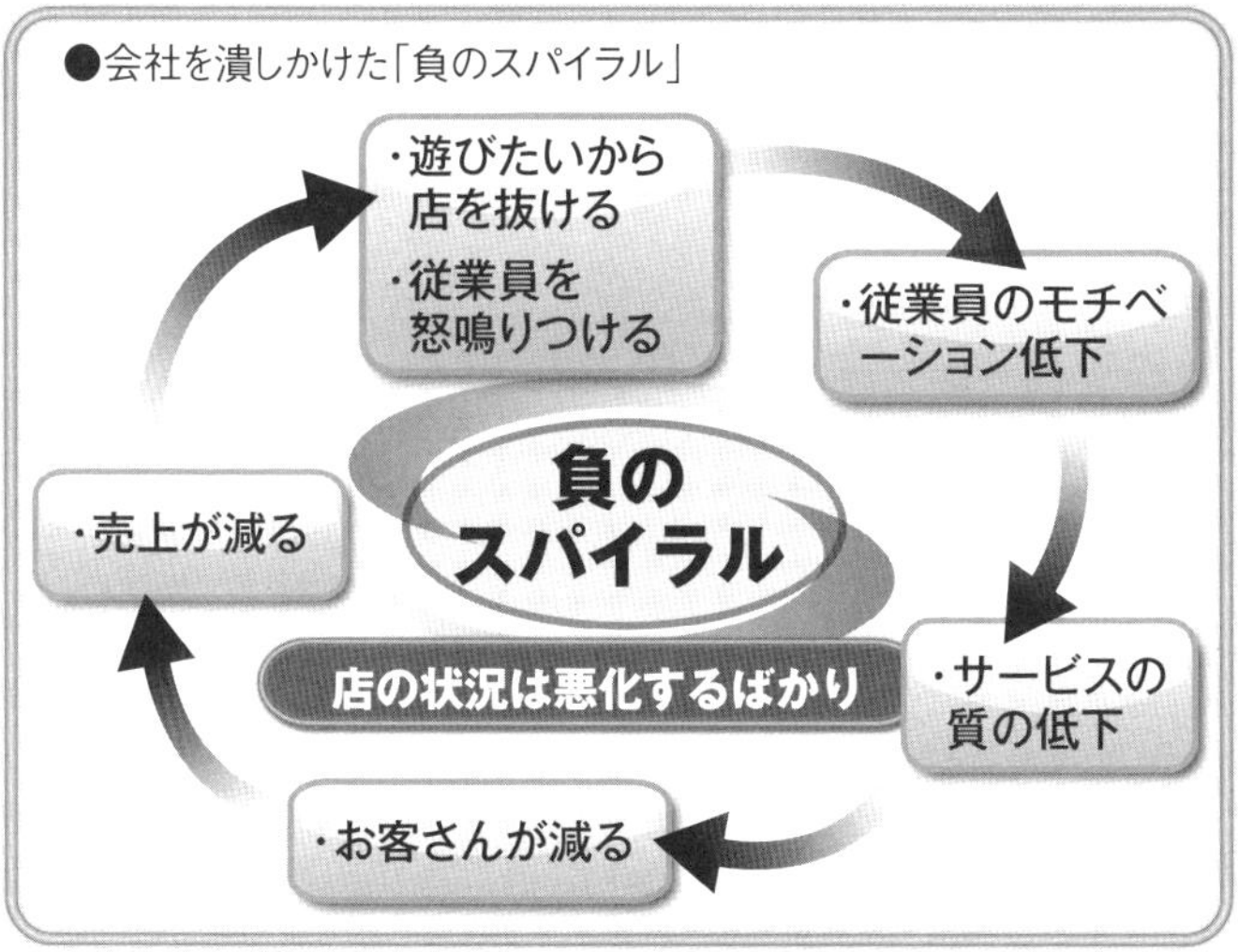
●会社を潰しかけた「負のスパイラル」
・遊びたいから店を抜ける
・従業員を怒鳴りつける
・従業員のモチベーション低下
・サービスの質の低下
・お客さんが減る
・売上が減る
負のスパイラル
店の状況は悪化するばかり

7

社員で入れた兄と幼なじみに振り回される

私の場合、先ほどの危機以来、幸いにして大きな問題は起こっていません。

しかし、組織が大きくなるにつれて、人の問題で苦労したことが何度かありましたので、参考までにご紹介しておきたいと思います。


まずは、身内の人間を専務にしてうまくいかなかったケースからお話ししましょう。

独立開業して3年目に、実の兄を専務として迎え入れたことがありました。理由は、役員は身内のほうがいいだろうと思ったからです。

当時、兄は父の会社の専務も兼務しており、週に5〜6日は父の会社で仕事をしていました。戦力としてはそれほど期待していなかったのですが、それでも少しは何かプラスになると考えていました。

ところが、兄は本当に「**何も専務（なにもせんむ）**」になってしまったのです。

「人がいないのでこっちに来て手伝ってほしい」と頼んでも、「父の会社が忙しいので行けない」といって、来ないのです。しかし、こちらでゴルフコンペをしたり、飲み会をしたりというときには来るという具合でした。

これではスタッフに対して示しがつかないなぁと思っていたときに、あるスタッフから次のようにいわれたのです。

「あんな専務だったら私にもできますよ。あれで給料が80万円ももらえるんだったら、私が専務をやりたいんですが……」

結局、このスタッフのひと言が引き金となり、兄には辞めてもらうことにしました。

もちろん、兄弟で力を合わせてうまくいっているところもあります。しかし、うちの場合はそうではありませんでした。兄の勤務形態が中途半端だったことと、兄にきちんとした仕事を与えなかったことが、その原因だと考えています。

したがって、**もしあなたが親族と一緒にやる場合は、最初にきちんとしたルールを作っておくことをお勧めします**。

続いては、幼なじみを部長にしてうまくいかなかったケースです。

兄の一件があって以来、身内はなかなか難しいと思った私は、今度は友だちを部長にすることにしました。

その彼とは小学校からの同級生で気心も知れています。お互い遠慮せずに何でもいい合える仲だったので、うまくやっていけるだろうと思ったのです。


ところが、実際にやってみると、予期せぬ問題が発生しました。**部長が何でも私に張り合うようになった**のです。

たとえば、私が1回ゴルフに行くと、部長も1回ゴルフに行く。私が1回飲みに行くと、部長も1回飲みに行くということで、何でも同じようにし始めたのです。

これだけならまだよかったのですが、そのうちスタッフに対する指示・命令についても、部長が私に張り合うようになって来ました。私の指示・命令と違う指示・命令を、スタッフに対してするようになったのです。

つまり、**1つの組織の中で、指示・命令系統が2つできてしまったのです**。


大きな会社であれば、社長と部長は、部長と新入社員くらいの差があるので、このようなことはなかなか起こりません。しかし、小さな会社になると、社長と部長の間にそれほど差がないのです。

　このときも、スタッフから「社長と部長で指示・命令の内容が違うので、どっちに従えばいいのかわからなくてみんな困っています」といわれました。これがきっかけで、部長にも辞めてもらうことにしました。

　兄や友だちの件を通して、「**誰かと一緒にパートナーシップを組むのは非常に難しい**」、「**社長は孤独だ**」ということを実感した次第です。

●親族や友人を登用した場合のメリット・デメリット

○ メリット

1. 親族・親友なので重要なポジションを任せられる（金庫番など）
2. 他の人には頼みにくいことも頼みやすい
3. 信頼関係が強いので仕事がやりやすい
4. 自分の気持ちを理解してくれる
5. 家族・友人なので自分の会社のように力を発揮してくれる

× デメリット

1. 厳しいことをいいにくい
2. 業績がいいとき、成功報酬でもめる
3. 仲良くしすぎると、他の社員のモチベーションが下がる
4. 意見が分かれて指示・命令がずれることがある
5. 業績が悪いとき、責任のなすりあいになる

8

人心一新！　解散総選挙で出直し

２００８年、**幹部を全員平社員に戻す**という思い切った人事を行いました。

私が出した指示・命令が各店舗の社員やパート・アルバイトにきちんと伝わっていないということが気になったのです。たとえば、私の指示・命令が少しずれて伝わったり、会議で決まったことと違うことが伝わっていたり、伝わるべきことが伝わっていなかったりしたのです。

社長が一人で見ることができるのはせいぜい５～６店舗が限界です。店舗数がそれ以上になったころから、当社ではマネージャーを置くようにして、マネージャーが担当の店舗を管理する仕組みにしました。

最初のうちはこの仕組みでうまく回っていたのですが、店舗数の増加とともにマネージャーの数が増えてくると、前述したような問題が起こるようになりました。**社長の方針が末端に伝わらない、あるいはずれて伝わるというのは、組織にとっては致命的なこと。**

そこで、思い切った人事を行うことにしたのです。

まずマネージャーや店長を全員いったん平社員に戻しました。そして、すべての社員の中から、年功序列的な要素を完全に排して、**実力のある人だけをマネージャーや店長に登用した**のです。当然、再任された人もいましたし、再任されなかった人もいました。

その結果、辞めていった人も何人かいましたが、辞めていったのは皆、あまり良くない人たちでした。辞めていった人の中には、「成果を出しているんだから、いいじゃないか！」という店長もいましたが、成果は二の次。**組織にとっては、指示・命令・理念・方針が末端まできちんと伝わることが一番大事なのです。**

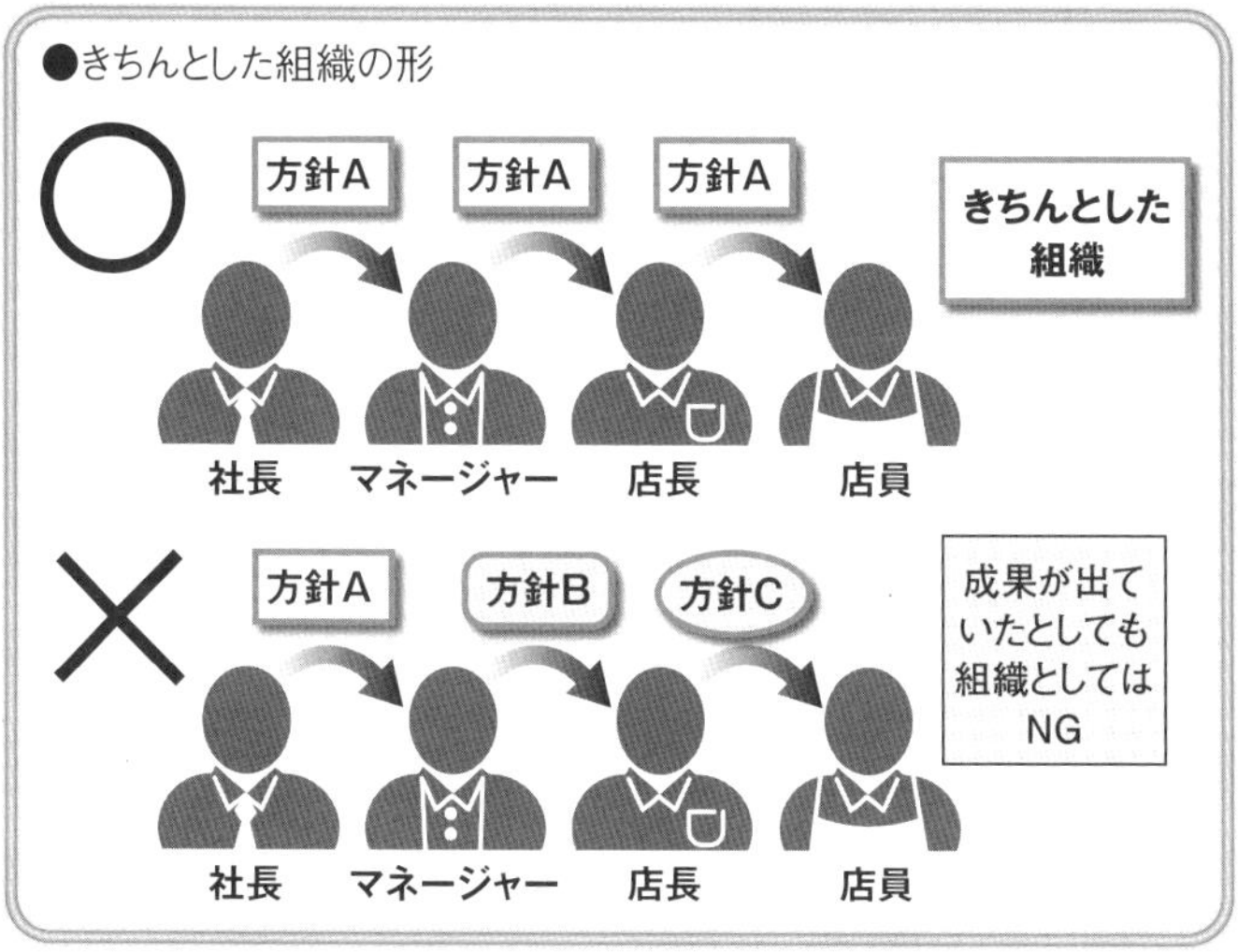

9 今の夢は株式上場

17歳で道とん堀に就職し、22歳で独立開業。以来15年間、途中遊んでしまった時期もありましたが、店を潰すこともなくずっと走り続けてきました。

最初の目標は、金のロレックスの腕時計をして、ベンツのオープンカーに乗ることでした。これについては、前述したように、道とん堀の成長期のおかげで独立1年目に達成することができました。

その後も、勢いに乗って**多店舗展開**をし、現在、道とん堀は21店舗まで増やすことができました。

また、BSE（狂牛病）問題で1業種だけのリスクを感じた私は、5年前からリスクヘッジのために、**居酒屋とリラクゼーションの業種にも進出**。現在、居酒屋2店舗、リラクゼーション3店舗を出店し、合計26店舗のオーナーになることができたのです。

そして今では、有名人・著名人が多数住んでいる六本木ヒルズのレジデンスに住んでいます。

車は、憧れの「フェラーリ430」を約2000万円で購入。時計も2000万円くらいするフランクミュラーの「トゥールビヨン」を手に入れることができました。

欲しいモノはすべて手に入れることができたのです。

冒頭でも書きましたが、地元でも有名な不良少年で、学歴もお金も人脈も何もなかった私がここまで来ることができたのは、何よりもフランチャイズ・ビジネスのおかげだと思います。そして、その礎を築いてくださった道とん堀の社長には本当に感謝の気持ちでいっぱいです。

私の今の夢は**株式上場**。ビジネスの世界に身を置いた以上、一度はやってみたいものです。上場した後の世界がどんなものなのか、ぜひともこの目で見てみたいと思っています。

そして、世の中のためになるような企業を経営し続けていきたいと考えています。

◆独立・起業成功法則 その62

これと決めたことは石の上にも3年。経営も3年。何事も最低3年は集中するべし！

◆独立・起業成功法則 その63

独立前に、経理の勉強をしておくべし！

◆独立・起業成功法則 その64

組織は一将の影が影響を与えると心得るべし！

◆独立・起業成功法則 その65

オーナーたるもの、常に「謙虚さ」と「感謝の気持ち」を持っておくべし！

◆独立・起業成功法則 その66

経営は、初心忘るべからず。本日開店の気持ちを常に持つべし！

◇独立・起業成功法則　その67

物欲だろうが、ガラクタだろうが、どんなものでもいいので、夢や目標を持つべし！

◇独立・起業成功法則　その68

親族と一緒にやる場合は、最初にきちんとしたルールを作っておくべし！

◇独立・起業成功法則　その69

組織内の指示・命令系統は、必ず1つにすべし！

◇独立・起業成功法則　その70

社長が一人で見ることができるのは、せいぜい5〜6店舗が限界と心得ておくべし！

◇独立・起業成功法則　その71

社長の方針や指示・命令・理念は、必ず末端まできちんと伝わるようにすべし！

なるほどコラム3

フランチャイズは意外と身近に…

フランチャイズ・システムを知らない人の中には、チェーン店はすべて直営店だと思っている人も多いようですが、じつは多くの企業がフランチャイズを導入しています。

そこで、ここでは「あのお店もフランチャイズだったの？」というお店を挙げてみたいと思います。あなたがよく利用するお店も、意外とフランチャイズなのかもしれません。

◆外食業
- マクドナルド
- モスバーガー
- ケンタッキーフライドチキン
- スターバックス
- プロント
- ドトールコーヒー
- 珈琲館
- カプリチョーザ
- 餃子の王将
- 紅虎餃子房
- カレーハウスcoco壱番屋
- 道とん堀
- 築地銀だこ
- 小僧寿し
- 銀のさら
- ペッパーランチ
- リンガーハット
- らあめん花月
- ピザーラ
- ピザハット
- イタリアン・トマト
- サーティーワンアイスクリーム
- 吉野家
- 松屋
- なか卯
- 牛角
- 安楽亭
- ジョイフル
- びっくりドンキー
- ほっかほっか亭
- ほっともっと
- 養老の瀧
- 庄や

◆小売業
- セブンイレブン
- ローソン
- ファミリーマート
- サークルK・サンクス
- ミニストップ
- TSUTAYA
- WonderGoo
- ヴィレッジヴァンガード
- 宮脇書店
- 明屋書店
- ブックオフ
- マツモトキヨシ
- 薬ヒグチ
- オートバックス
- イエローハット
- ガリバー
- アップル
- ヤマダ電機
- ケーズデンキ
- カメラのキタムラ
- 眼鏡市場

◆サービス業
- アート引越センター
- センチュリー21
- エイブル
- アイフルホーム
- 明光義塾
- トライプラス
- 白洋舎
- ホワイト急便
- ダスキン
- スタジオアリス

第7章

フランチャイズ起業の先にある7つの選択肢

──多店舗展開、別の業種、セミリタイア……

1

フランチャイズ1～2店舗を健全に運営する

最後に、これからフランチャイズ・ビジネスを始めようというあなたのために、フランチャイズで独立開業した先にある**7つの選択肢**をご紹介しておこうと思います。

私は現在26店舗のオーナーですが、1店舗目をオープンしたときには、ここまで多店舗展開するとは、正直、考えていませんでした。当時は、1店舗目を成功させることで精一杯だったからです。

しかし、1店舗目がうまくいったからといって、それが**永遠に続くとは限りません**。チェーンそのものがなくなってしまうケースもありますし、予期せぬ事態が発生することで業態そのものがダメージを受けてしまうこともあります。また、区画整理や新しい道路の建設によって人の流れが変わったことで、その場所から撤退せざるを得なくなるケースもあります。実際、当社も1店そういうケースがありました。当社の場合、そのときはすでに複数の店舗を持っていましたので、その店を撤退してもなんとかなりましたが、その

１店舗だけしかなかったとしたら、大変なことになっていたと思います。実際、１店舗だけしか持たないオーナーが、これらの理由によって廃業を余儀なくされてしまった例もたくさんあります。

したがって、**１店舗目がゴールではなく、あくまでも通過点**と考え、その先を見据えた上で独立開業してほしいと思います。

では、１店舗目を軌道に乗せた後、次にどんな選択肢があるのか。

これまで私が通ってきた道を振り返りながら、７つの選択肢をご紹介しておきたいと思います。

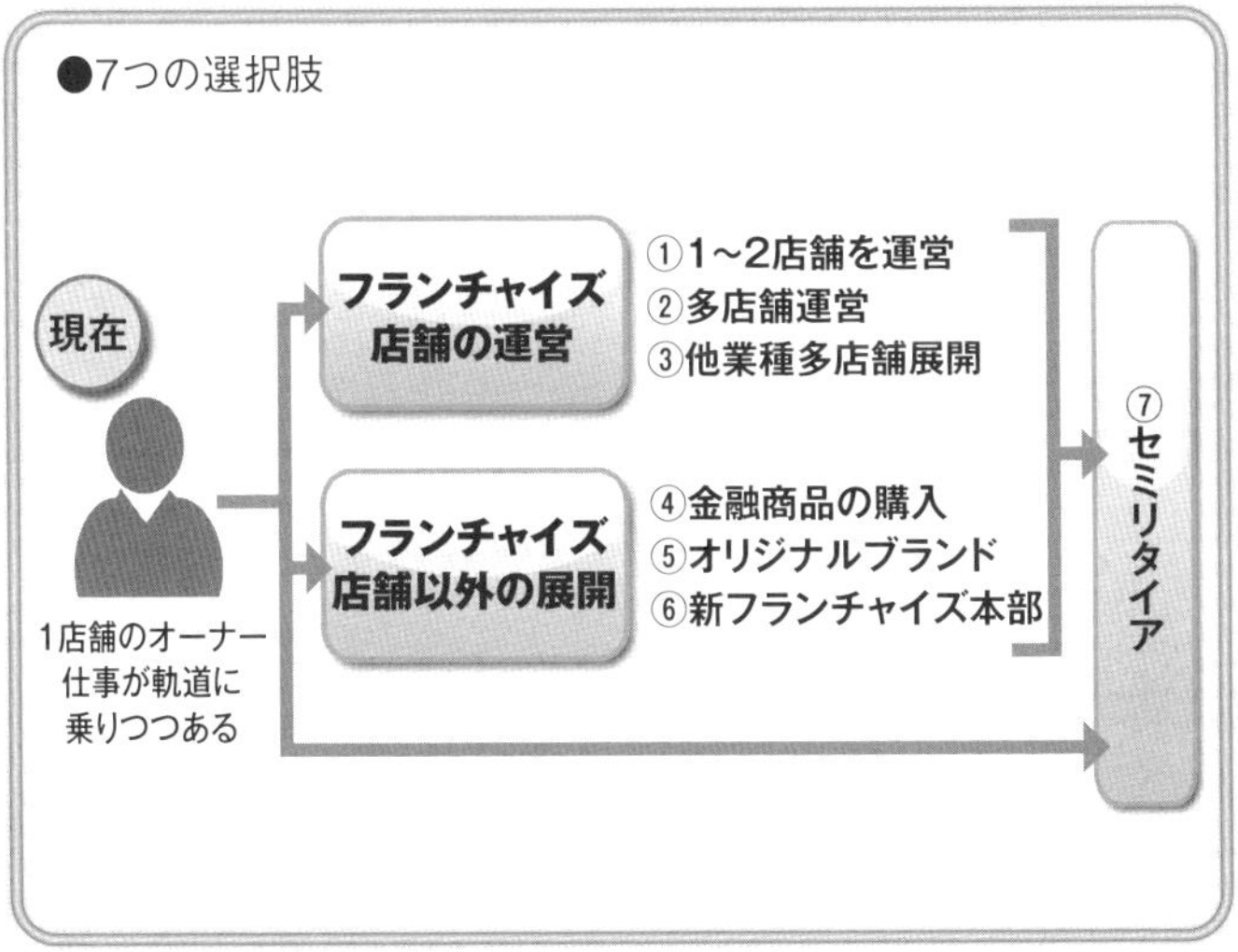

1つ目の選択肢は、1～2店舗を健全に運営するというものです。

たとえば、道とん堀グループに加盟したら、道とん堀を1店舗もしくは2店舗出店して、それらを健全に運営していくというものです。

多くのフランチャイズ・オーナーがこのスタイルで運営をしています。道とん堀の中にもこのスタイルのオーナーがたくさんいます。

なぜ、このスタイルのオーナーが多いのでしょうか。それには大きく2つの理由があります。

第1の理由は、1店舗もしくは2店舗で満足しているオーナーが多いということです。そもそも多店舗展開しようという意志がない人たちですね。現場が好きな人、店舗の運営が好きな人に、このスタイルが多いといえます。

今思うと、私もこれくらいの規模のときが、オーナー店長をやっていて一番楽しかったような気がします。本部のマニュアルはあるものの、それ以外の部分については、自分の考えで、自分の思うとおりにやることができたからです。まさに「一国一城の主」としての醍醐味が味わえるのが、これくらいの規模だといえるでしょう。

また、1～2店舗だとスタッフとの距離も近いので、スタッフと友達感覚で一緒に遊んだりできるのも、これくらいの規模の楽しさです。

第2の理由は、最初から多店舗展開を念頭に置いていないオーナーが多いということです。私自身、独立する前は多店舗展開することは考えていませんでした。だから、儲かったお金でベンツやロレックスを買ってしまったわけです。

あのとき、多店舗展開することを念頭に置いていたとしたら、もっと違ったお金の使い方をしていただろうと思います。

ただし、今思えば、当時の私にとって、ベンツやロレックスが独立に向けてがんばる動機付けになっていましたので、それはそれでよかったとは思いますが……。

これら2つの理由から、このスタイルでやっているオーナーが多いわけですが、**このスタイルでずっとやっていければ、個人的にはこれがベターではないかと思っています。**

しかし、このスタイルには大きく4つのリスクがあります。

第1のリスクは、ライバル出現の問題です。

コンビニのような競争の激しい業界では、近くにライバルが出店してきたことによって撤退を余儀なくされるケースが発生しています。撤退まで行かなくても、売上が下がることはよくあることです。そうなったとき、1店舗しかなければ大変なことになります。

第2のリスクは、企業寿命の問題です。

昔は「**企業の寿命は30年**」といわれていましたが、**今は10年**といわれるようになりました。1つのブランドだけでは、10年以上続けていくのは難しいということです。

ただし、すべてのブランドが10年で終わるわけではありません。道とん堀グループは、創業20年以上になりますし、それよりも寿命の長いブランドもたくさんあります。ですので、一概に必ず10年しかもたない、とまではいえませんが、そういうリスクがあるということを覚えておいてください。

第3のリスクは、BSE（狂牛病）などのような予期せぬ事態や、区画整理・道路新設による人の流れの変化による問題です。これらの問題が起こると、**人の流れが大きく変わってしまいます**。それによって売上不振に陥り、撤退を余儀なくされてしまうこともあるのです。当社もそういった経験があります。

経営者としては、こういうリスクにも備えておきたいものです。

そして第4のリスクは、1つの店舗が崩れると、他の店舗も崩れやすいということです。特に、人の問題で崩れるケースが多くあります。たとえば、1つの店舗の店長が何らかの事情で辞めたあとに、後任がなかなか見つからずに崩れていくというパターンです。

1〜2店舗の場合は、主要なポストを身内で固められるといいのですが、主要ポストの他人率が高くなると大変になると思います。

多くのフランチャイズ・オーナーが取っているこのスタイルには、じつはこのようなリスクが存在しているのです。

●「フランチャイズ1〜2店舗を健全に運営する」のメリット・デメリット

○ メリット

・自分の店舗を構え、マニュアルどおりに仕事をすることで利益がでる
・マニュアル以外のことは自分の考えで、自分の思い通りにできる
・規模が小さいので人・モノ・カネの管理がしやすい

× デメリット

・1つのブランドだけでは、10年以上続けていくのは難しい
・BSE（狂牛病）問題などのように、予期せぬ事態が起こるリスク
・1つの店舗が崩れると、ほかの店舗も崩れやすい

2

フランチャイズ1店舗の成功を元に多店舗展開

2つ目の選択肢は、あるフランチャイズで成功したら、そのノウハウをもとに同じブランドのフランチャイズで多店舗展開していくというスタイルです。

このスタイルのメリットは、1店舗目が成功すれば、**そのノウハウを使って多店舗展開しやすい**ことにあります。

多店舗展開の仕方には、同じブランドの店をいくつも出していくやり方と、いろんなブランドの店をたくさん出していくやり方がありますが、やりやすさの点でいえば、**同じブランドの店を多店舗展開するほうが上**でしょう。

なぜなら、扱っている商品・サービスが同じなので、店舗運営の仕方から、スタッフの教育の仕方まで、ほとんど同じようにできるからです。また、ある店舗のスタッフが足りない場合、店舗間でスタッフの貸し借りができるのも、同じブランドならではのメリットといえます。

さらに、1つのブランドを多店舗展開して**メガフランチャイジー**になれば、本部の対応もよくなりますし、グループ内での発言力もアップします。本部との交渉次第では、**ロイヤリティのパーセンテージを下げたり、食材等の仕入れ率を下げたりすることも可能でしょう**。最終的には株式上場することも夢ではありません。

私の場合がまさにこのスタイルでした。最初のうちは、道とん堀ばかり出店していたのです。

おかげで、出店の度に新しいことを覚えたり、勉強したりする必要がなかったので、スムーズに店舗を増やしていくことができました。

また、1店舗目での成功ノウハウがあったので、2店舗目以降の店は1店舗目に比べて早く軌道に乗せることができました。

さらに、同じブランドなので、店長の上にエリアマネージャーを置くといった組織を作っていくのも楽だったと思います。

ほかにも、店舗数が10店舗を超えたころから、求人広告などでボリュームディスカウントを受けることができるようになりました。

私の場合、たまたま道とん堀というブランドに出会い、それが他社の追撃をほとんど受けずに伸びてきたので、ラッキーだったと思います。また当時、関東にお好み焼きのチェーン店がなかったので、伸びるのではないかと思ったことも事実です。ラッキーと見極めが半分ずつといったところでしょうか。

最近では、焼き肉や回転寿司の業界で激しい追撃が行われています。理由は、この業界が儲かるからです。激しく追撃されると、価格競争に巻き込まれて潰されたりすることもありますので、**長く続けたいなら、派手に儲からないブランドのほうがいいでしょう。**

このスタイルのリスクも、前述の①と同様です。狂牛病のような問題が発生した場合に、1つのブランドしかないと全滅してしまう可能性があるのです。

私の場合、幸いこれまでそういう目には遭いませんでしたが、狂牛病で焼肉屋が大ダメージを受けたように、「狂キャベツ病」のような問題が発生したら、お好み焼き屋も大ダメージを受けることは間違いありません。

したがって、このスタイルで多店舗展開していく場合は、何らかの形でリスクヘッジをする必要があるといえるでしょう。

また、このスタイルができないフランチャイズもあります。たとえば、マクドナルドやセブンイレブンのような**メガチェーン**です。

これからマクドナルドやセブンイレブンを東京で独占しようと思っても、すでにあちこちにあるのでまず無理です。

したがって、このスタイルで多店舗展開していきたいという人は、**昔の道とん堀のような、伸び盛りのところを選ぶ必要がある**でしょう。**成熟期にあるメガチェーンではなく、成長期のブランドを探しましょう。**

できれば、20年くらいのロングセラーになるブランドだとベストですね。

●「フランチャイズ1店舗の成功を元に多店舗展開」のメリット・デメリット

メリット

- **1店舗目の成功事例や失敗事例が他店舗に生かせる**
- **メガフランチャイジーになれば、グループ内の発言力も増す**
- **求人広告や仕入れなどでボリュームディスカウントが受けられる**

デメリット

- **すでに多くの店舗があるマクドナルドやセブンイレブンなどのメガチェーンでは難しい**
- **BSE（狂牛病）のような突発的な問題が発生したときのダメージが大きい**

3 いろんな業種で多店舗展開

3つ目の選択肢は、いろんな業種で多店舗展開するというものです。たとえば、お好み焼き屋と居酒屋とリラクゼーションというように、まったく違う業態もしくはお客さんの層が違う業態で多店舗展開するスタイルです。

このスタイルの最大のメリットは、リスクヘッジができることです。**たとえ居酒屋が不振に陥ったとしても、他の業態でカバーできる**というわけです。

また、いろいろな本部に加盟することによって、各本部のいいところを吸収することができるので、それを他の業種にも応用して業績アップにつなげられるというメリットもあります。

さらに、お好み焼き屋のスタッフにリラクゼーションの割引券をあげたり、リラクゼーションのスタッフに居酒屋の割引券をあげたりすることで、他業種の店舗を従業員の福利厚生に利用することもできます。

私自身、ずっとお好み焼きの道とん堀だけで多店舗展開をしてきたわけですが、2004年ごろに起こったBSE（狂牛病）問題で焼肉屋が次々と閉店していくのを見て、一業態での多店舗展開の危険性を痛感しました。

そして、リスクヘッジの必要性を感じて、居酒屋とリラクゼーションのFCに加盟することにしたという経緯があります。

ただし、このスタイルは、先ほどの1ブランドでの多店舗展開よりも難しいケースが多いのが実情です。

なぜなら、**一人でいろんな業態の店を運営していくのは、たとえフランチャイズだったとしても非常に難しい**からです。

実際、私も前述の3つの業態を一人で管理していたときは大変でした。

電話が鳴るたびに、お好み焼きの話だったり、居酒屋の話だったり、リラクゼーションの話だったりで、慣れるまでは頭の切り替えが本当に大変でした。

「今度、こんな新商品を売ろうと思うのですが、どうでしょうか？」と聞かれても、もうわけがわかりませんでした。

正直に申し上げて、最初はお好み焼きを売るのも焼き鳥を売るのも、同じ食べ物なのだからそんなに違わないだろうと思っていました。

ところが、実際にやってみると、**全然違う**ことがわかりました。客層も客単価も違います。販促方法も郊外型の店舗は新聞折り込みチラシが効果的だったのに、駅前の店舗はティッシュを配ったほうが効果的だった、という具合に、**1つのブランドで培った成功ノウハウが通用しない**のです。つまり、新しいブランドを出店するたびに、一からやっていかなければいけなくなるのです。

もちろん、本部がいろいろアドバイスをしてくれます。しかし、3業種くらいならなんとかオーナーがコンタクトを取れても、これが10業種、20業種くらいになってくると、一人ですべての本部とコンタクトを取るのは無理です。

したがって、このスタイルの場合は、**業態ごとに事業部長を置き、事業部長に運営を任せるのがベスト**。あらかじめそのような事業部制を念頭に置きながら、人材の採用および育成を行っていく必要があるでしょう。

また、このスタイルは人材の流動化が難しいというデメリットもあります。

1つの業態だけなら、もしある店舗の店長が急に辞めても、別の店から応援に行かせることもできますが、このスタイルの場合はリラクゼーションの店長が急に辞めたからといって、居酒屋の店長を回すわけにはいかないのです。

したがって、人材の採用や育成および交流も、業態ごとにわけて考えておく必要があるでしょう。

このように、このスタイルは難しいことがたくさんありますし、いろんなものに安易に手を出して失敗している人もたくさんいます。

しかし、最初から1業態について1店舗ずつ増やすのではなく、私がやってきたように、**1つのブランドをある程度多店舗展開して基盤をしっかりと築き、軌道に乗せた上で別の業態を展開していく**やり方でやれば、リスクは軽減できると思います。

なお、このスタイルも株式上場を狙うことができるでしょう。

●「いろんな業種で多店舗展開」のメリット・デメリット

○ メリット

- ある業種が不振に陥っても、他の業種でカバーできる
- 各本部のいいところを他の業種にも応用して業績アップにつなげられる
- 他業種の店舗を従業員の福利厚生に利用することもできる

× デメリット

- フランチャイズであっても、一人でいろんな業態の店を運営するのは難しい
- 人材の流動化ができない

4 不労所得の金融商品を織り交ぜた経営

4つ目の選択肢は、フランチャイズ店を健全に経営しながら、**不労所得の株や不動産などの投資**も組み入れて、リスクヘッジをするというものです。

不労所得とは、株や不動産などへの投資のように、お金を働かせることによって得られる所得のことです。それに対して勤労所得とは、働いて得るお金のことです。要するに、このスタイルは勤労所得と不労所得を組み合わせた形となります。

このスタイルのリスクヘッジ以外のメリットは、自由な時間を手に入れられることです。不労所得のウエイトを増やせば増やすほど、自由な時間を増やすことができます。自由な時間ができれば、経営の勉強の時間にあてることもできます。また、旅行やスポーツなど趣味の時間にあてることもできますので、**今まで以上に人生を楽しむことができるようになる**でしょう。

不労所得のウエイトを増やしていくには、投資に回せる資金が必要となりますので、そのためには勤労所得であるフランチャイズ店の経営を健全に行うことが重要です。このスタイルの難しいポイントでもあるといえるでしょう。

いきなりハイリスク・ハイリターンの「投資」から始めると痛い目に遭うこともありますので、「投資」から始めるのは避けたほうが無難です。

これまでも自分のポケットマネーで金融商品に投資をしているオーナーはたくさんいましたが、最近は**会社の一事業として、会社のお金で投資を行うオーナーも増えています。**

最初は、オーナー自らが勉強して投資を行うのがいいと思いますが、軌道に乗ってくれば投資事業部を立ち上げ、投資が得意な社員に任せるという方法もあるでしょう。

●「不労所得の金融商品を織り交ぜた経営」のメリット・デメリット

メリット

・自由な時間が増えるため、趣味や自己研鑽などを楽しめる
・経営の勉強をする時間をとることができるようになる
・今まで以上に人生を楽しむことができるようになる

デメリット

・投資に必要な資金を準備する必要がある
・投資先を誤ると、損失を被ることもある

5 違う業態でオリジナルブランドを開発

5つ目の選択肢は、フランチャイズ店を経営しながら、フランチャイズで学んだノウハウを生かして、違う業態で**オリジナルブランド**を開発するというものです。

「違う業態で」と書いたのは、最近のフランチャイズ契約には「**フランチャイズをやめた後に同じ業態の店をやってはいけない**」という規定が盛り込まれていることが多いからです。今の時代に、当たるブランドを立ち上げるのは非常に難しいと思いますが、当たれば大きいので、選択肢としては魅力があるといえるでしょう。

ここまで、オリジナルブランドを個人商店で始めるのはリスクが大きいと何度もお伝えしてきました。しかし、**ある程度フランチャイズでノウハウを学んでからであれば**、こういう道もアリだと思います。

長年、フランチャイズをやっていれば、店舗運営のノウハウやマネジメントのノウハウが身につくので、ゼロから始めるのとは出発点が違います。また、**物流関係、建築関係、**

システム関係、人材関係のコネクションもできるので、オリジナルブランドを立ち上げる際に有利になるからです。実際、このスタイルでオリジナルブランドを立ち上げた人はたくさんいます。

　オリジナルブランドを立ち上げると、そのブランドが当たりそうだと見るやいなや、必ずといっていいほど大手の追撃が入ってくるということに注意しなくてはありません。追撃されたら、一気に店舗数を増やして早く知名度を上げるか、地道に増やしていくかしかないでしょう。

　一気に店舗数を増やすには、次の選択肢になりますが、本部を作ってフランチャイズ展開していくやり方が早道だと思います。

●「違う業態でオリジナルブランドを開発」のメリット・デメリット

メリット

・フランチャイズで培ったノウハウや人脈を生かせる
・自分のオリジナルブランドを持つことができる
・当たれば大きな利益を手にすることができる

デメリット

・そのブランドが当たりそうだとみると、大手が必ずといっていいほど追撃してくる
・失敗したときのリスクが大きい

6 フランチャイズ店を経営しながら、違う業態で自分の本部を作る

6つ目の選択肢は、フランチャイズ店を経営しながら、先ほどのオリジナルブランドをフランチャイズ化するというものです。

本部を作ってフランチャイズ化するメリットはたくさんあります。なかでも一番は、加盟店から毎月ロイヤリティが入ってくることでしょう。

たとえば、月に平均1000万円売る店が300店舗あった場合、ロイヤリティが売上の5%だとすると、50万円×300店舗＝1億5000万円が毎月入ってくる計算になるわけです。1年では18億円です。

また、飲食業界の場合は、**食材を大量に安く仕入れ、少し利益を上乗せして加盟店に卸す方法もあります**ので、食材で利益を出すこともできます（それでも加盟店は、いいものを市価よりも安く買えます）。

さらに、フランチャイズで加盟店を急速に増やしていくことで、一気に知名度を上げら

れるというメリットもあります。

したがって、**本部を作るというのは、フランチャイズ・ビジネスのまさに究極の形といえるわけですが**、これは正直、なかなか一筋縄ではいきません。

まず、オリジナルのブランドが当たることが前提条件となります。何でも揃う今の日本で、何をやれば当たるのか？　これは本当に難しいことです。

マクドナルドやタリーズコーヒーのように、海外から日本に持ってくるパターンもありますので、海外にも目を向けておくのもおもしろいかもしれません。

ハードルは高いですが、**チャレンジしがいのある選択肢**といえます。

●「フランチャイズ店を経営しながら、違う業態で自分の本部を作る」のメリット・デメリット

メリット

- ロイヤリティが毎月入ってくる
- 食材などを安く仕入れられる
- 知名度が一気に上がる

デメリット

- オリジナルの当たるブランドを作り上げるのが前提条件
- 店舗を経営するのと違い、本部の経営はかなりハードルが高い

7

腕利き社長か後継ぎを早く育ててセミリタイア

最後の選択肢は、会社を**後継者**に譲って、セミリタイアするというものです。

この選択肢はほかと違い、これまで紹介した6つの選択肢すべてのその先にある形になります。1～2店舗を健全にやる場合でも、店を腕利きの社長や後継ぎに任せて、自分はセミリタイアすることもできますし、フランチャイズ本部を作った後に、それを息子に任せてセミリタイアすることもできます。また、ひと口にセミリタイアといっても、いろんなパターンがあって、完全にリタイアしてしまうものから、1年だけ休暇を取るような形のものまで、いろんなパターンがありますし、やり方によっては30代でセミリタイアすることも可能です。その中でどのパターンを選ぶかはあなた次第です。

セミリタイアできる状況を作ることができれば、**自分の思い通りの人生を生きることができます**。それまでやりたかったけれど時間がなくてできなかったことや、お金がなくてできなかったことが何でもできる、夢のような生活が送れるのです。

生涯現役で働きたいという人には向かない選択肢かもしれませんが、後継者を育てられれば、リタイアすることもできるし、働こうと思えば働くこともできますので、いずれにしても**部下育成は視野に入れておくのがいいでしょう**。

以上の7つが、フランチャイズで独立開業した先にある未来像です。

どのスタイルを目指すかはあなた次第ですが、これだけの選択肢があるのを知って独立するのとしないのでは、独立後の働き方が変わってきますので、ぜひ今のうちから漠然とでも目指す方向性を決めておかれることをお勧めします。

●「腕利き社長か後継ぎを早く育ててセミリタイア」のメリット・デメリット

メリット

- 自分の時間を得られる
- 自分の思い通りの人生を生きることができる
- 自分に合ったリタイアのスタイルが選べる

デメリット

- 生涯現役で働きたい人には向かない
- 信頼して任せられる後継者を育てるのが難しい

◆独立・起業成功法則 その72

1店舗あるいは1業種だけでやっていると、何かあったときに潰れてしまうリスクがあるということも覚えておくべし！

◆独立・起業成功法則 その73

多店舗展開をするなら、同じブランドでやるほうがやりやすい！

◆独立・起業成功法則 その74

長く続けたいなら、あまり派手に儲からないブランドを選ぶべし！

◆独立・起業成功法則 その75

多業種による多店舗展開を目指す場合、事業部制を念頭に置きながら、人材の採用および育成を行うべし！

◆独立・起業成功法則 その76

オリジナルブランドを立ち上げるなら、海外にも目を向けておくべし！

◆独立・起業成功法則　その77

将来、セミリタイアをしたいなら、部下育成を視野に入れておくべし！

おわりに

さて、いかがだったでしょうか？

「独立開業するなら、たとえ加盟金やロイヤリティを支払ってでも、フランチャイズを選びなさい」という理由がおわかりいただけたでしょうか？

今の世の中、１つの事業で10年続けていくのは至難の業です。

特に個人商店の場合、本文でも書いたとおり、５年生存率は約25％。10年生存率となるとわずか10％しかありません。

そんな厳しい現実の中、個人商店を開業して、25％、さらには10％の中に入る方も、確かにいます。しかし、並大抵の努力では不可能だと思います。ノウハウのない方が見よう見まねで参入して、簡単に成功できる分野ではないのです。

もちろん、独立せずにサラリーマンで行くという選択肢もありますが、定年まで同じ会社で安定したサラリーマン生活を送れる確率は、昔に比べてかなり低くなっています。予期せぬリストラに遭い、仕方なく独立開業した結果、うまくいかずに失敗する人も跡を絶ちません。

現代のような変化の激しい時代には、時代のニーズに敏感に対応できるフランチャイズが安全です。

なぜなら、個人商店ではかなり難しい、時代の変化に対応した商品開発なども、すべて本部がやってくれるからです。また、いろんな業態のフランチャイズを組み合わせることで、時代の変化というリスクに対応することもできるからです。

フランチャイズを利用すれば、本部からこれらのサポートを受けることができるのです。仲間は多いほうが安心です。5年生存率が約70％なのは、ひとえにこうしたサポートのおかげなのです。

独立開業するということは、経営者になるということです。たとえ1店舗であっても、店のオープン時点から、一国一城の主となるのです。

しかし、経営をしたことのないサラリーマンが、いきなり経営者になるのは正直、難しいものがあります。そもそもサラリーマンと経営者では、考え方が違います。**経営者には、自分の店全体を見渡す広い視野や、問題解決の方法をとことん考えぬく姿勢が求められま**

す。

とはいえ実際、私も独立開業した当初は、経営の「け」の字も知りませんでした。サラリーマンとしての思考から抜け出し、経営者としての思考を身につけるまでには、時間がかかりました。

しかし、そんな私でもなんとか会社を潰さずにここまでやってこられたのは、フランチャイズだったからです。商品開発や広告宣伝、マーケティング、集客といった専門知識が必要なことを本部に肩代わりしてもらいながら、自分は経営の勉強をすることができたので、ここまで来ることができたのだと思います。

したがって、新米経営者にとって、フランチャイズの成功パッケージと本部の支援は、安全にスタートを切るために必要不可欠なものといっても、私は過言ではないと考えています。

私はサラリーマンと経営者の両方を経験していますが、**仕事にやりがいがあって、たくさんの給料がもらえて、しかも楽しいのは、もちろん経営者**です。また、経営者になったことで、付き合う人もガラリと変わりましたし、世間の私を見る目も変わりました。毎日が充実して、やる気に満ちているのです。

長引く不況で経営者が減少しつつある今の日本で、フランチャイズで起業し、成功する経営者がどんどん出てくれれば、日本も元気になるのではないかと思います。

本書がそのための一助になれば、これに勝る喜びはありません。

２０１１年5月　丸山　忠

巻末付録

知っておきたい
フランチャイズ用語集

【FLコスト（エフエルコスト）】

Fはフード（＝材料費）、Lはレイバー（＝人件費）のことで、材料費と人件費を足したもの。売上高に占めるFLコストの割合（＝FL比率）が高いと、利益が減ることになる。業種にもよるが、FL比率の目安は55％～60％といわれている。

【OFFJT（オフジェイティー）】

「Off the Job Training」の略称。主に社外での研修などによって、業務に必要な知識や技術を身につけるトレーニング方法のこと。

【OJT（オージェイティー）】

「On the Job Training」の略称。実務経験によって、必要な知識や技術を身につけるトレーニング方法のこと。現場の上司などが実際に作業をして伝えることが多い。

【QSC（キューエスシー）】

Q（Quality＝品質）、S（Service＝サービス）、C（Cleanliness＝清潔）の3つの頭文字をとったもの。加盟店のオペレーションのレベルの良し悪しを表現するケースが多い。

【粗利（粗利益）】

簡単にいうと、売値から仕入値を引いたもの。粗利から人件費や家賃、水道光熱費、広告宣伝費などの経費を引いたものを営業利益という。

【粗利分配方式】

ロイヤリティ額の算出方法の1つで、粗利の何パーセントかを本部に支払う方式のこと。粗利に連動しているので、粗利が増えるとロイヤリティも増えることになる。

【一等地・二等地】

一等地とは、その業態のビジネスを行うにあたって最適な場所のこと。飲食業界では、人通りの多い駅前が一等地とされることが多い。一方、二等地とは2番目に最適な場所のことだが、一等地以外の総称として使われることも多い。

【イニシャルコスト】

フランチャイズ加盟契約締結時に支払うお金のこと。加盟金のほか、土地建物や内装設備、什器などの開業資金がこれに含まれる。

【イニシャルフィー】

加盟店希望者がフランチャイズに加盟する際、本部に支払う対価。加盟金、頭金、登録料、契約金、保証金等、本部によってさまざまな種類と名称がある。

【居抜き店舗】

内部の商品や設備、什器備品などを設置したままの状態で売買・賃貸される店舗のこと。内装や設計設備などがそのまま使えるため、安い初期投資で早く営業することができる。

【売上歩合方式】

ロイヤリティ額の算出方法の1つで、売上の何％かを本部に支払う方式のこと。売上に連動しているので、売上が増えるとロイヤリティも増えることになる。

【オーナー】

フランチャイズの場合、一般的には加盟店の経営者のこと。個人で契約した個人オーナーと法人が加盟した法人オーナーとがあり、本部によっては法人としか契約しないところもある。なお、オーナーが集まって情報提供や経営に関するノウハウ、本部に対する要望などを話し合うのがオーナー会と呼ばれるものである。

【加盟金】

加盟店希望者が契約締結時に本部に支払う金銭のこと。これによって商標・サービスマークの使用、ノウハウの使用、フランチャイズパッケージの使用許諾等が得られる。

加盟金は、契約を解約しても返還されないケースが多い。本部によっては、加盟金を徴収しないところもある。

【業種・業態】

業種とは、販売する主力商品の種類による小売業の分類のこと。たとえば八百屋、肉屋、魚屋といった分け方。業態とは、売り方やサービスの違いによる分類のこと。たとえば百貨店、スーパー、コンビニ、ファーストフード、100円ショップといった分け方。

【グランドメニュー】

レストランなどの食事メニューのこと。飲み物専用のメニューやデザート専用のメニューなどが別にある場合に、通常の食事メニューを指してこう呼ばれることが多い。

【スーパーバイザー】

加盟店に対して経営・営業指導を行うフランチャイズ本部の社員のこと。加盟店を巡回しながら、本部の政策の徹底、情報の伝達、加盟店の契約違反行為のチェックを行う。加盟店側の情報を本部に報告するパイプ役でもある。


【セントラルキッチン】

食材を集中的に調理・製造・加工する工場のこと。セントラルキッチンには、食材の調達費用のコストダウン、製造加工のコストダウン、製造・加工技術ノウハウの漏洩防止、品質の維持、デリバリーコストの削減、店舗サイドの労務コストの削減といったメリットがある。

外食・中食フランチャイズへの加盟希望者にとって、本部がセントラルキッチンを有しているかどうかは、格好の判断材料となる。


【中途解約】

フランチャイズ契約期間中に中途で解約すること。フランチャイズ契約は契約期限が定められており、原則として期限内の中途解約はできないことから、トラブルに発展するケースもある。


【定額方式】

加盟店が本部に支払うロイヤリティ額の算出方法の1つで、売上や粗利に関係なく、毎月一定額を本部に支払う方式のこと。業績が好調のときはいいが、業績が悪くなると、ロイヤリティが重くのしかかることになる。


【ドミナント戦略】

あえて特定の地域に集中的に加盟店を出店する戦略。宣伝効果向上、認知度アップ、スーパーバイザーの店舗訪問や配送の効率化、同業他社の出店防止などのメリットがある。

【ビルイン】

ビルの中への出店形式のこと。自己所有のビルを利用して出店するケースと、ビルの所有者と賃借契約を交わし、テナントとして出店する形式がある。

【フランチャイザー】

フランチャイズ・ビジネスにおいて、特権を与える者。本部のこと。

【フランチャイジー】

フランチャイズ・ビジネスにおいて、特権を与えられる者。加盟店のこと。

【フランチャイズチェーン】

フランチャイザー（本部）とフランチャイジー（加盟店）が作る集団のこと。本部と加盟店はそれぞれ独立事業主だが、運営の主体は本部にあり、加盟店は本部の決定に従う。

【ベンダー】

加盟店から見た場合、商品や食材、原材料等の仕入れ先のこと。本部側から見た場合は供給業者となる。フランチャイズ契約では、ベンダーは指定されるのが一般的である。

【ミステリーショッパー】

覆面調査のこと。客に扮した調査員が店舗を利用し、ＱＳＣＡ（品質・サービス・清潔・雰囲気）全般にわたってチェックし、その結果を依頼主に報告して、一層のＣＳ（顧客満足度）向上と改善につなげる仕組み。

【メガ・フランチャイジー】

一般的には、店舗数が二桁単位で年商が億単位のフランチャイジーのこと。

【ランニングコスト】

通常の営業活動に必要なさまざまな費用のこと。ロイヤリティのほか、材料費や人件費、店舗施設の維持費、水道光熱費、通信費などがある。

【レギュラーチェーン】

本部が店舗を建設し、従業員を雇って経営する直営店で構成されるチェーンのこと。一般的にはチェーンストアと呼ばれる。百貨店やスーパーマーケットなどは、このレギュラーチェーン方式を取っている場合が多い。

【ロイヤリティ】

商標の使用や営業指導などの見返りとして、加盟店が本部に毎月支払う対価。一般的には売上の何%、と決まっているが、本部によっては粗利益の何%、というところや、売上や利益にかかわらず毎月一定額を徴収する、というところもある。

〈著者略歴〉
丸山　忠（まるやま・ただし）
1973年生まれ　東京都秋川市（現・あきる野市）出身
株式会社丸道代表取締役社長。全国に291店舗展開するお好み焼きチェーン「道とん堀」に創業時より参画し、22歳でフランチャイズオーナーとして独立。現在、FCオーナーとして、26店舗を運営。また、居酒屋やリラクゼーションサロンなどのFC店も展開し、年商15.5億円の企業に成長させる。常に時流に適した業種、成功ロジックが体系化されたフランチャイズ本部を調査し、成功するフランチャイズ・ビジネスの専門家として『月刊ビジネスチャンス』、『月刊理念と経営』など多数のメディアに取り上げられている。自らフランチャイズオーナーとなり、FCビジネスの発展と後進の育成に力を注いでいる。

それでもフランチャイズを選びなさい
失敗しないための独立・起業77の法則

2011年6月30日　初版第1刷発行
2011年11月25日　第3刷発行

著　者　丸山　忠
発行者　笹田大治
発行所　株式会社興陽館
〒113-0024　東京都文京区西片1-17-8　KSビル
TEL：03-5840-7820　FAX：03-5840-7954
URL：http://www.koyokan.co.jp
振替：00100-2-82041

編集協力　有限会社ノマディック
協　力　株式会社天才工場
印刷(DTP)　株式会社興陽社
製　本　星野製本株式会社

ISBN 978-4-87723-173-6